FEnoMenALES

Vuelve a soñar

Esta edición ha sido publicada por
Editorial Revive
New York, Estados Unidos de Norteamérica
www.editorialrevive.com

Impreso en los Estados Unidos de Norteamérica

Primera Edición: Mayo de 2023

Editorial Revive es una división de Revive Group LLC

DEDICATORIA

Aunque no te conozca

Este compendio es una joya en tus manos. Son historias reales de diecisiete mujeres excepcionales y su trayectoria en esta vida: Sus miedos, pero también su manera de vencerlos; sus caídas, pero también el esfuerzo para levantarse; su lucha por sobresalir en un mundo duro que trata de ahogar sueños y anhelos, que son el motor que día a día nos motiva a seguir adelante por nuestros hijos, nuestras familias y nosotras mismas.

Está dedicado primeramente a Dios, el único que da amor radical, incondicional e inamovible; sin el cual, aunque esta vida esté llena de riquezas y abundancia, nos espera una eternidad de vergüenza y dolor. Porque todas las cosas subsisten en Él, por Él y para Él; Él pone y quita reyes a su voluntad y su reino es eterno, y no hay nadie que pueda decirle "¿qué haces?". Él tiene en su poder toda la gloria, el imperio y la majestad.

También a mi madre, ese ser hermoso que me dio su amor sin siquiera conocerme y puso en mí toda su confianza de un futuro digno y respetable, a una edad en que ni siquiera podía hablar palabra alguna. Por su esfuerzo y valor ante la vida, este libro está dedicado a ella.

Y también a ellas, a todas esas mujeres que tienen su propia historia de alegrías y tristezas, de pruebas y de triunfos, de fidelidad y de traición; pero que tomaron la valiente decisión de no quedarse a mitad del camino y establecerse en el cómodo tálamo de la mediocridad, sino que, aun a paso lento pero firme, siguen avanzando poco a poco hacia sus sueños, por la difícil y empinada cuesta del camino al éxito. A ti que tienes este libro en tus manos y te identificas con cada una de estas mujeres fenomenales; a ti que sabes que quedarte sin finalizar la carrera no es una opción, y que no vas a renunciar hasta llegar a la meta; aunque no te conozca, te dedico este manuscrito.

TABLA DE CONTENIDO

PRÓLOGO

La vida puede resumirse en tres etapas principales: Nacer, crecer y morir. Por sencillo que parezca tenemos que pasar por cada una de ellas, no se pueden evadir; y aunque sea una regla igual para todo ser humano, cada individuo es capaz de hacer una gran diferencia entre cada una de ellas. Pero, ¿cuál es el factor que motiva a cada individuo a forjar un futuro diferente? ¿Es cierto que nacemos con un camino ya trazado por las misteriosas manos del destino, y que no podemos, por más esfuerzo que hagamos, cambiar sus designios? ¿Cuál es el mágico lente capaz de cambiar la percepción de toda situación, por terrible que esta parezca? Basado en filosofías prometedoras y predicadores de la prosperidad, vemos individuos exitosos que prometen la llave con la cual cualquiera puede abrir las ventanas de los cielos y obtener riquezas en esta tierra.

¿Ser rico es ser exitoso?, ¿o se puede vivir en paz y felicidad con la modestia del sueldo mínimo? Un rey poderoso dijo haber cumplido todos sus caprichos, comprado todo lo que quería y hecho todo lo que soñó hacer... ¿y ahora qué? Aún sentía en su corazón un inexplicable vacío, que toda su riqueza y poder no podían llenar. Fue entonces que, en su desesperación, cuestionó la vida y la banalidad de los deseos del ser humano, llegando a esta conclusión: "Todo es vanidad de vanidades". Si este rey pudo tener todo lo que quería y saciar todos sus antojos, y aun no se sentía realizado, ¿qué podemos esperar nosotros, "simples mortales", de una vida sin logros? Pero también, un medallista olímpico dijo que su más grande alegría y emoción no se encontraba en el momento de recibir el trofeo al ganar la competencia, sino en todas las sesiones de práctica, de concentración, de sudor; y luego, esos inolvidables momentos de ver sus rivales corriendo a su lado y dando lo mejor de sí. Ese es el material de que está hecho el éxito, la esencia pura del triunfo; es el esfuerzo y el sinuoso camino que nos lleva a la meta, el ingrediente principal de la vida misma, sin el cual, ninguna victoria tiene el dulce y delicioso sabor que buscamos. Diecisiete mujeres han entendido esto y nos cuentan cómo el éxito no es terminar la empresa y obtener un resultado perfecto, sino esforzarse, sudar, sufrir y dar lo mejor de uno mismo.

MIRIAM LANDIN

Es business leader de la compañía Tupperware, una empresa de clase mundial dedicada a la comercialización de plásticos para la cocina. Fue nombrada directora del año 2014 en la misma compañía. Además, como parte de su compromiso con la sociedad también ha participado y contribuido en diferentes actividades de la Iglesia Cristiana

Miriam se convirtió en la primera hispana directora ejecutiva estrella en el año 2018. Ampliando su conocimiento, Miriam ha recibido diferentes reconocimientos en temas como motivación y liderazgo para la fuerza de ventas; entre ellos, certificaciones y participaciones en cursos de Jhon Maxwell.

La mexicana Miriam Landin soñó desde niña cumplir el sueño americano. Motivada por sacar a su familia de la pobreza cruzó la frontera en compañía de su pequeño Josstin. Ella jamás pensó que el precio de la cima sería tan alto, Miriam sufrió la indiferencia de sus propios compatriotas y la discriminación desde el primer día; abusaron de su condición como indocumentada y a la escasez se sumó la enfermedad. En sus días más grises vio llorar de hambre a su hijo, sin tener un bocado que ofrecerle. A pesar de tocar fondo, no se dio por vencida.

Fenomenales, vuelve a soñar

VUELVE A SOÑAR

Miriam Landín

Tener una casa hermosa y otras propiedades en los EE. UU. y México, conducir un automóvil nuevo cada año y viajar a donde quiero no me llena el corazón. Todo lo material se acaba. Jesús nos enseñó a hacer tesoro en el cielo, no en la tierra; porque donde está mi tesoro, allí estará mi corazón. ¿Para qué colocar el corazón en cosas que se pueden perder fácilmente? He resuelto hacer mi inversión más importante en las personas. Ser una empresaria destacada en Tupperware no es un logro solitario. Todo mi equipo, con Dios adelante, ha hecho posible un estilo de vida que ni en sueños imaginé. En este recorrido de formar a gente ganadora, he descubierto la imperiosa necesidad de ir más allá de enseñar sobre ventas. Ahora, abrazo la misión de ayudar a las personas a cambiar sus vidas. Llenar una cuenta bancaria es relativamente fácil, pero restaurar corazones es todo un desafío.

Con esto en mente resolví escribir tanto como pueda. Con un libro puedo llegar a lugares que jamás alcanzaría en persona. Así como tantos libros desafiaron mis posibilidades, mi meta ahora es hacer una colección de libros para ayudar a otros. Mi pluma no es tan ligera como quisiera, pero hay cientos de historias que he conocido y que me asombran cada día. Mis colaboradores y amigas han luchado por alcanzar sus metas y me entusiasma verlas creciendo, subiendo peldaños. Son diamantes que el Altísimo ha venido puliendo. Es tiempo de que el mundo conozca también sus historias.

Cuando escribí mi primer libro, Sí se puede conquistar el sueño americano, tuve una hermosa experiencia de aprecio y elogio que no había vivido antes. Ahora, el turno es para ellas; que se sientan apreciadas, reconocidas, amadas. Quiero estar tras bastidores, viendo cómo dan lo mejor de sí mientras el público aplaude la obra maestra que Dios está haciendo en sus vidas. Porque, eso sí, el que merece todos los aplausos es Él. Aquel que nos dio la vida y no ha terminado con nosotros; Aquel que es el fundamento de una vida bien edificada y la llave que abre puertas que nadie puede cerrar.

Este capítulo es un canto de alabanza. ¡Estoy agradecida! Cuando recuerdo mi pasado y me miro al espejo, me parece estar viendo a una persona distinta. Lo que de gracia se recibe, de gracia se debe entregar, y es lo que trato de hacer en este libro.

Me he rodeado de muchas mujeres en mi negocio. Conocerlas de cerca me conmueve el corazón. Sus historias, en la gran mayoría, están llenas de dolor, pero también de coraje. Con todo lo que han alcanzado no logró entender por qué tienen su autoestima por el piso; no saben cómo sacar la fuerza que llevan dentro. La necesidad las trajo a los EE. UU. y las crisis más agudas las convirtieron en resilientes; sin embargo, no han desarrollado todo su potencial. Después de leer mi libro me mandaron mensajes tan emotivos que surgió la idea de invitarlas a contar sus historias. ¡Están emocionadísimas! Participar en este libro las está llevando a otro nivel, a una nueva etapa que les abrirá puertas, tal como está ocurriendo conmigo. Y en este punto tengo que admitir que la editorial Revive ha sido fundamental para subir a este nuevo horizonte. Conozco la oferta de otras compañías del sector literario y sé que éstas no habrían descubierto y desarrollado todo este potencial que la gracia divina tenía escondido para mí. La editorial, en cabeza de Andrés y Blanca, sacó lo mejor de mí; me escucharon, supieron hasta dónde podía llegar y me llevaron hasta allá. Cuando veo tanto potencial en las personas, pienso que solo les hace falta tener a un mentor que les ayude a ser conscientes de todo el potencial, y les coloque en el lugar correcto. La editorial me ubicó en un sitio adecuado; me llevaron de la mano. Todas ellas quieren brillar; quieren ser reconocidas, porque sus historias valen la pena ser leídas. Son relatos que deberían ser bestseller; vivencias que sirven de ilustración para demostrar que sí se pueden lograr los sueños. Como cuando esperamos el reconocimiento del esposo, sin tener que pedírselo, de igual forma ellas quieren ser reconocidas. Si no dejas huellas en el mundo, el mundo las dejará en ti. Ellas están resueltas a no pasar desapercibidas, a que el mundo tenga que girar para ver algo superior a su figura: su legado de fe y esperanza.

Cuando les comenté sobre la escritura de un libro en coautoría, la mayoría quedó comprometida en hacer parte del proyecto. De inmediato se pusieron manos a la obra a escribir, y he aquí el resultado.

Sin embargo, a pesar de ese reconocimiento que esperamos recibir de otros, hay algo que debe llenar nuestro corazón y que es suficiente para el alma: el amor de Dios. Muchas mujeres no saben cuánto Dios las ama; no saben cuánto valor tienen ante sus ojos. Antes de conocer a Dios, no tenía idea del tamaño de su amor. En un retiro de mujeres me enseñaron desde las Escrituras el significado de su amor. Empecé a entenderlo como si un velo se cayera de mis ojos. ¡Eres la niña de sus ojos! Si supieras el valor que tienen esas palabras serías imparable. Si Dios es por nosotros, ¿quién contra nosotros?

Las mujeres somos más sensibles emocionalmente, nos gustan los detalles, y es algo que aprovecho en mi favor. Por ejemplo, nunca espero que celebren mi cumpleaños; ¡yo misma lo organizo! No quiero que se les vaya a pasar esa fecha. Es un día muy importante para mí; es mi año nuevo personal, así que yo misma planeo ese día. Cuando se va acercando la fecha voy anunciándola por todos lados. Mi perfil de Facebook se llena de felicitaciones gracias a todo el marketing que hago.

Antes de que naciera, Dios me conoció; antes de que me formara en el vientre de mi madre, me santificó (Jeremías 1:5). No nací por el descuido en el método anticonceptivo de mis padres. El Arquitecto Celestial me incluyó como piedra viva en la construcción de su edificio, incluso antes de ver la luz. Es más, aunque mi padre y mi madre me dejaran, Dios me recogerá (Salmo 27:10). Se enseña con frecuencia a buscar el propósito en la vida dentro de nosotros. Creo que da más resultado buscarlo arriba de nosotros, en oración, buscando el rostro de Dios. Nadie escogió ser concebido en el vientre de una madre; nadie eligió su fecha de nacimiento. Si Dios planeó nuestra llegada al mundo, él sabe por qué lo hizo. Si buscamos su dirección, nuestra vida pasará de un chiste mal contado o un relato de dolor, a una historia de poder y victoria.

He viajado a muchos lugares del mundo, en el continente americano y en Europa, pero ninguna travesía me había cambiado el corazón como lo hizo la peregrinación a Israel. Mi vida fue transformada. Fue como vivir la Biblia a todo color al ver los lugares en que Jesús anduvo, comió, y realizó todo su ministerio de predicar, enseñar y sanar. Fui tocada por Dios. Vi las distancias que caminó, el desierto donde fue tentado, los muros de Jericó.

Estuvimos en barco, en el mar de Galilea, el mismo lugar donde Pedro y sus acompañantes vieron la pesca milagrosa. Me impresiona recordar la reacción del apóstol: no se quedó con la pesca, como muchos que prefieren la dádiva; se quedó con el dador. ¿Qué importaba la pesca? Tener a Jesús es tenerlo todo. Pude sentir la presencia de Dios en ese lugar, recordándome que él es más que suficiente para mí.

El Muro Occidental, más conocido como el Muro de los Lamentos, es un lugar solemne. Es el oratorio del mundo. En ese lugar puedes escuchar la oración de hombres y mujeres en cientos de idiomas. Me impactó ver a los judíos radicales portando en su frente y brazo las filacterias o tefilín; son unas cajas de cuero donde guardan porciones de la Escritura, como un recordatorio de guardar la ley de Dios. Aprendí que son disciplinados, pasando horas enteras en oración. Llevé peticiones en papel para dejar en el Muro, entre ellas, la petición de mi esposo para lograr su documentación como ciudadano americano. Confiamos en Dios que la respuesta vendrá a su debido tiempo.

Pero el lugar donde viví mi transformación fue la tumba vacía. Nadie jamás derrotó a la muerte. El Padre demostró, resucitando a su Hijo, que todo lo que dijo era verdad. Es una evidencia, con pruebas indubitables que ningún historiador serio puede negar. Afuera del sitio empecé a orar; sentí náuseas. Vomité, sintiéndome liberada. Una hermana de la iglesia me exhortó: No has sido obediente; no te sujetas a los pastores. Resuelta, llegué a pedirles perdón. No los tomaba en cuenta. Crecí sin la guía de un papá; me acostumbré a tomar decisiones sin pedir consejo. Aprendí que es importante honrar a mis pastores. Mi mente fue transformada. Confirmar la verdad de las Escrituras en el lugar de los hechos afirmó mi fe.

Viví una de las experiencias más conmovedoras al conocer el lugar en que estuvo recluido Juan el Bautista. Fue encarcelado por decir la verdad y señalar el pecado de Herodes. Estuvo bajo tierra, en completa oscuridad. En su angustia, mandó a preguntar a Jesús si él era el que había de venir o esperarían a otro. Sufriendo las circunstancias que lo rodeaban, su fe fue puesta a prueba. ¿Acaso valía la pena tanto sufrimiento? Esta fue la respuesta que recibió: «Los ciegos ven, los cojos andan, los leprosos son limpiados, los sordos oyen, los muertos son resucitados, y a los pobres es anunciado el evangelio; y bienaventurado es aquel que no halle tropiezo en mí» (Luc 7:22-23). Más que palabras, Jesús confirmó su identidad con hechos. Juan murió decapitado, pero entregó su vida con gusto, porque Jesús era suficiente para él. Muchas mujeres que han sufrido, verán el propósito de Dios con su dolor. Hay que ser valientes y decir que valió la pena.

Mi hijo también fue tocado. No sentía amor por Dios en la iglesia, pero después del viaje llegó muy motivado a buscarlo con corazón sincero.

Dios me mostró que me estaba preparando para este tiempo. Me enseñó que no podía limitarme solo a los Estados Unidos. Fui invitada para dar conferencias fuera del país. Me apropié de sus promesas. Soy pequeña para todo lo que Dios tiene preparado para nosotros, pero de su mano, estoy resuelta a asumir cualquier reto. ¿Me acompañas a vivir esta aventura? Te espero en la próxima conferencia o en el siguiente libro.

Fenomenales, vuelve a soñar

ANABEL TOLEDANO

Nací y me crie en un pueblo llamado San Juan Tepecoculco. Mi adolescencia la pase en CDMX; sin embargo, emigré a los Estados Unidos de Améria y aquí resido en la actualidad.

Soy hija y esposa, y me siento orgullosa de ser madre de cuatro hijos. Me apasiona apoyar a las personas para que logren sus sueños.

Mi compromiso y amor es empoderar a los demás, siendo un ejemplo para mi familia y mis seres queridos. Mi pasión es tener una base sólida para mis niños y familias de las comunidades.

Me gusta observar a otras personas cumplir sus sueños, eso me llena de la fuerza que necesito para seguir cumpliendo mis metas.

Gracias a la empresa Tupperware para la cual trabajo he encontrado mi pasión. Actualmente tengo el cargo de Directora Estrella.

Tomé la decisión de compartir mi capítulo, en el que comparto parte de mi historia, dejando mi propio legado de amor e inspiración.

Lo que me motivó a escribir es dedicar mi capítulo a todos esos jóvenes que inician su camino, ya sea en el área profesional o matrimonial, que no importa lo difícil que sea el camino, con fe y ayuda de Dios los lazos se fortalecen y se vuelven enseñanzas de vida.

Anabel Toledano

Fenomenales, vuelve a soñar

APRENDIENDO A CRECER EN MEDIO DE DIFICULTADES

Anabel Toledano

Mis padres son campesinos. Somos cinco mujeres y dos hombres. Mi padre tiene un carácter dócil; mi madre, muy templada. Desde que tengo uso de razón, mi padre se dedicaba al campo. A menudo tenía que conseguir dinero prestado para sus cosechas. Sembraba jitomate, tomate y maíz. Hoy en día tienen árboles frutales de aguacate, durazno y peras. Vivíamos en un cuarto de tablas forrado de cartón y los siete hermanos dormíamos en una sola cama.

Aunque la comida era escasa, nunca nos faltaba un bocado, aunque solo fuera de frijoles. Para complementar los ingresos, mi madre trabajaba lavando y planchando ajeno. Ambos querían lo mejor para todos nosotros. Solía pensar: "Dios, algún día cambiará la situación". A pesar de las dificultades, nunca perdí la esperanza.

Cuando no podía dormir, me gustaba escuchar las conversaciones de mis padres. Hablaban de la escasez, la falta de abonos y la falta de comida. Me sentía impotente porque apenas tenía 7 años y no sabía cómo ayudarlos.

Mi padre siempre nos enseñaba a valorar lo que teníamos cuando había suficiente y a aceptar la situación cuando no había. Nos enseñaba a limpiar el campo y a quitar la hierba de los árboles frutales.

A la edad de ocho años, mi madre me platicó que cuando yo tenía apenas ocho meses de haber nacido, entraba en estados de inconsciencia hasta por dos y tres horas. Pero cierto día, mi estado se agravó tanto que estuvo hasta 72 horas en esa condición, como si estuviera muerta. Mi madre me llevó al doctor; el médico le dijo que no podían darle acta de defunción porque seguía viva. Se dieron cuenta porque moví el dedo de mi mano derecha. Mi madre regreso a casa desesperada por mi situación de salud. Con todo lo que he pasado entiendo que Dios tiene un propósito conmigo.

A los 13 años, mi hermana empezó a trabajar en la Ciudad de México y aportaba dinero a la casa. A los 14 años, también empecé a trabajar allí, vendiendo tamales con una prima. Visitaba a mis padres los fines de semana, pero sentía que no era suficiente. Eran muchas bocas para alimentar.

Al regresar al pueblo, me sucedió algo difícil. Al bajar del coche, mi blusa se atascó con algún objeto metálico y se rompió del lado derecho. Me cubrí con un suéter y me fui a cambiar la blusa. Mi madre entró al cuarto y vio la blusa rota. A pesar de que mi padre nunca nos maltrató ni nos castigó, traté de explicarles lo sucedido, pero no entendieron las razones. Pensaron lo peor. Decidieron que no regresaría a trabajar. Apenas trabajé seis meses y no volví. Me dediqué al campo, a las labores del hogar y a cuidar de mis hermanos. Mi madre siguió lavando y planchando para otros.

Luego, una prima me pidió ayuda para cuidar a su hijo mientras trabajaba y regresé al D. F. con ella. Ayudaba en las labores del hogar y también estudiaba. Para cubrir nuestras necesidades, vendíamos comida. Me gradué como secretaria y aunque mis padres estaban orgullosos, no estuvieron de acuerdo con mi decisión de estudiar, porque según mi padre, las mujeres no estudian, se casan y cuidan a sus hijos. Cuando trabajaba con él, decía que algún día tendría un ranchito con animales y árboles frutales, pero le dolía cuando llegaba la cosecha y todo era mal pagado. Era raro que a alguien le fuera bien con las cosechas.

Empecé a trabajar como secretaria y mi primer cheque lo di a mi papá. Me sentí feliz al ver su emoción al comprar sus primeras plantas de aguacate con los 1500 pesos que le di. Pero yo sabía que mi cuarto de madera tenía que cambiar. Trabajé durante dos años en una compañía de refrigeradores, de 7:30 de la mañana a 9 de la noche. El jefe decía que había que trabajar de lunes a sábado, quizá algunos domingos. Mucha gente no me creía el horario tan extenso.

Regresé al pueblo para pasar tiempo con mis padres. Habían construido un cuarto en obra negra, pero sabía que aún faltaban muchas cosas por hacer. En el 2006, empecé a trabajar limpiando cuartos. Pero a medida que pasaban los días, me desanimaba pensando que no lograría nada con ese trabajo. Mientras tanto, mi tercera hermana ya estaba trabajando. Un día, yendo al trabajo, me encontré con un vecino que hablaba sobre viajar a los Estados Unidos. Me llamó la atención, ya que era la tercera vez que él intentaba hacerlo. Le pregunté cómo era el proceso, y sin dudarlo, me invitó a viajar con ellos para el martes siguiente. El boleto costaba 1500 pesos; sin conocerlo, le pagué el boleto.

Cuando llegué a casa, el hombre me entregó el boleto. Me encomendé a Dios y seguí trabajando. El lunes por la tarde, estábamos todos en casa cuando el hombre del boleto llegó preguntando si estaba lista para el viaje. Mi padre dijo que estaba loca, que era mujer, y mis hermanos dijeron lo mismo, pero tampoco aceptaron viajar. Les dije que yo me iría, que quería algo mejor para mi vida. Los hombres decían que me dejara ir. El hombre del boleto dijo que iría con otros dos, y que, si algo salía mal, regresarían. Mi padre los escuchó y sugirió que buscara a alguien más para ir conmigo. Enojada, le dije que me iría de todas maneras, cualquiera que fuera el resultado. Al día siguiente, avisé que no iría a trabajar y me dijeron que, al regresar, tendría mi puesto disponible.

La única persona que me despidió fue mi madre. Mi padre se fue al campo desde las 5 de la mañana y no regresó para darme su último abrazo. Abracé a mi madre, la vi llorar y me fui. Cuando el camión avanzaba, no pude contenerme y comencé a llorar.

Llegamos a Nogales esa noche e intentamos caminar. Uno de los hombres comenzó a sentirse mal y dijo que sufría del corazón. «Lo dejamos?», preguntó el "coyote". Respondí: ¡Cómo podríamos dejarlo así! Miré al señor para preguntarle si él podía seguir adelante. Me hizo señas que no podía. «No vamos a dejarlo aquí!», le dije al resto. Regresamos al hotel. Al día siguiente, intentamos de nuevo y caminamos por 6 o 7 horas, pero finalmente nos agarró migración. Los intentos no fueron fáciles y duré dos meses intentando. Encontramos gente mala que nos apuntaba con pistolas y nos quitaba el dinero. Me sentí como en una película. Mientras miraba al cielo, a las 2 de la mañana, le dije al Señor: "Tienes una obra en mí, sabes mis razones, solo quiero que me cuides y me protejas". Esto me hizo más fuerte.

Finalmente, pisé tierra en los Estados Unidos el 4 de julio, en Arizona, donde estuvimos cuatro semanas. Luego fui a Georgia, donde llegamos a las 6 de la mañana. Una familia nos recibió y nos acogieron muy bien durante una semana. Finalmente, llegué a Florida y un hermano de mi madre me recogió.

Le dije a mamá: "Hasta que no te llame es porque no he entrado todavía. No hagas caso de nada". La mantuve informada: "No sufras; Dios está conmigo, vas a escuchar mi voz. No creas nada de lo que te digan".

Llegué y estuve sin trabajo la primera semana. Trabajé haciendo limpieza en la construcción, pero no era lo mío. Luego conocí a una persona y trabajé con ella limpiando apartamentos. No era tan sucio y no había tanto polvo.

Si no tienes carro para movilizarte, tienes que estar pidiendo favores. Me desplazaba en autobús, que pasa cada hora. Era difícil llegar a tiempo a un trabajo. Una vez me subí en un autobús y me perdí: lo tomé a las 9 y regresé a casa a las 5. Si no puedo tener un carro, por lo menos puedo ir en bus. Tomaba el bus y me iba a la playa. Agradecía a Dios por el trabajo, aunque algunas personas se burlaban de mí y me preguntaban cómo hacía para soportar moverme en autobús, ya que ellos tenían su carro. Gracias a Dios, ellas estaban bien, pero yo sabía que algún día yo también lo lograría. Oraba.

Hablé con un amigo de mi tío que perdió a su padre cuando tenía 7 años. Al hablar con él, empecé a reflexionar sobre mi propia situación. Empecé a ahorrar para comprarme un carro, aunque no sabía conducir. Comencé a compartir más tiempo con esta persona, pero yo no quería nada serio con él ya que le gustaba beber y salir mucho con sus amigos. Sin embargo, cierto día me abrió su corazón, contándome por qué lo hacía. Finalmente, empezamos a conocernos mejor y empezamos una relación.

Él trabajaba lejos de casa y se ausentaba por largos períodos de tiempo, lo que me hizo darme cuenta de que necesitaba ser fuerte y tener independencia. Me puse a trabajar y aprendí a conducir. Trabajé sin descanso durante siete días a la semana. Comenzamos a hacer planes para nuestro futuro en México. Yo quería construir mi propia casa, pero el trabajo se redujo y se retrasaron los pagos. También hubo una falta de trabajo en la construcción y empezamos a tener dificultades financieras.

Recordé lo que hacía con mi prima en México, así que le propuse vender elotes. El dueño de un establecimiento mexicano nos permitió venderlos en su negocio los fines de semana, y eso nos permitió cubrir los gastos de construcción en México. Compramos una casa móvil y duramos cinco años sin tener hijos.

Mi pareja disfrutaba bebiendo y pasando tiempo con sus amigos, pero yo le conté sobre mi padre, quien siempre estaba ahí para nosotros y nunca se separaba de la familia. Cuando dialogamos sobre tener hijos le hice prometer un cambio para el bien nuestro y de nuestros hijos.

Fui a un chequeo de rutina y no podía creerlo. ¡Estaba embarazada! Dejé la muestra de embarazo en casa y cuando regresé, mi esposo estaba sorprendido. Habían pasado cinco años y era difícil de asimilar. Sin embargo, todo en mi embarazo fue bien y continué trabajando hasta el octavo mes con el apoyo de mi esposo, aunque él luego se enfermó con dolor de cabeza y de estómago. Nunca nos habíamos enfermado así y me preocupé mucho por él. Fui a trabajar, pero al regresar, seguía mal. Lo llevé al médico a las 4 de la mañana, a pesar de que a él no le gusta ir al médico. El doctor que nos atendió, después ver mi estado de embarazo, indagó si era nuestro primer hijo; luego, me entregó una nota para que nos atendieran con urgencia en otro centro médico: Mi esposo tenía una apendicitis a punto de reventar. Contra todo pronóstico, mi esposo se recuperó después de dos meses y volvió a trabajar. Agradezco a Dios por todo. Cuando mi esposo fue operado, a pesar de todos los "amigos" que lo invitaban a beber, solo uno de ellos fue a visitarlo.

Ahora trabajo en Tupperware y me siento empoderada como mujer. Con mi historia, quiero animar a las mujeres a permanecer junto a sus parejas y honrar a sus padres y madres, ya que les irá bien y tendrán una larga vida.

Fenomenales, vuelve a soñar

ARELI NERI

Soy mexicana, nacida en el estado de México. Crecí en el estado de Hidalgo. Actualmente radico en los Estados Unidos (Columbus, Ohio). Mi compañero de vida es Jesús Núñez. Tengo cuatro hijos, David, Maxel, Ramshes, y la luz de mis ojos, mi pequeña Adela. Mi esposo tiene una compañía de limpieza; es un negocio familiar. En mi tiempo libre tengo un pequeño negocio de venta de artículos para el hogar.

Una buena amiga que conocí en dicho negocio de ventas me invito a participar en este bonito proyecto, escribiendo uno de sus capítulos; lo escribí con mucho cariño. En él, les comparto pequeños fragmentos de mi vida, algunos buenos y otros no tanto, con el único propósito de llevar a ustedes mi historia como un testimonio de fe, del Amor tan grande que Dios tiene por nosotros que, aunque no lo veamos, siempre está ahí. Espero que mi historia sea de su agrado y que pueda tocar una pequeña parte de su corazón.

Fenomenales, vuelve a soñar

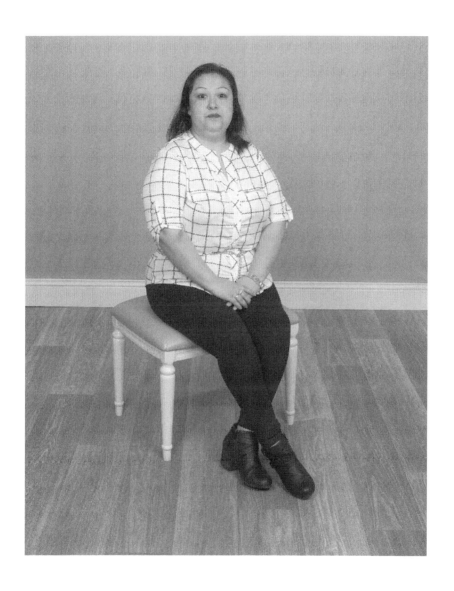

Fenomenales, vuelve a soñar

CUANDO PIERDES A TU MADRE LO PIERDES TODO

Areli Neri

Nacida en el estado de México, hija de padres sepa-rados y, por consecuencia, crecida y criada con mis abuelos maternos. Con una infancia como la de cual-quier niño, jugaba, corría por los patios, nos bañábamos en el río por horas. Aún recuerdo y puedo sentir esos momentos de felicidad que compartía con mis primos y hermanos, (éramos felices y no lo sabíamos) con una mamá ausente, la que tra-bajaba todos los días, para sacar a sus tres hijos adelante.

Mi padre fue un hombre que conocí muy poco por su doble vida, su otra familia; difícilmente nos visitaba dos veces al año.

Un día, mi madre cayó enferma, no sabíamos que tenía. Los doctores no daban el diagnóstico o yo era muy pequeña y no lo entendía. Así pasó un tiempo; ella seguía enferma, sin ninguna mejoría, hasta que un día no pudo más... Mamá dejó de respirar.

Tomando la mano casi fría e inmóvil de mi madre, la abuela nos dio su bendición. Llorando dijo: "¡Que la bendición de su madre siempre los acompañe!"

Vi caras tristes, llenas de dolor: abuelos, tíos y primos lloraban, menos yo. No comprendía lo que pasaba, mucho menos lo que se venía. ¡Sería huérfana para toda la vida! No supe expresar lo que sentía, ni siquiera sé si me dolía. Todo el dolor, el sentimiento, lo deje ahí, guardado en el corazón; un corazón que en poco tiempo sería duro y rebelde.

Así empezó mi adolescencia: Mi cuerpo cambiaba, mi carácter cambiaba, no sabía qué pasaba. ¡Cuánta falta me hacías, mamá!

Quede a cargo de mi abuela. El tiempo pasaba y mi padre no venía a visitarnos. Las necesidades en casa eran muchas: escaseaba la comida, hacía falta lo material, ropa, zapatos, útiles escolares... en fin, tantas cosas. ¡Cuánta falta me hacías, mamá!

Un día, mi padre ausente llegó de sorpresa. Imagino que tenía tantas cosas por resolver, tantos problemas en la cabeza gracias a su doble vida. Mis hermanos y yo no fuimos su prioridad. Aquel día no pude quedarme callada. Le reclamé su ausencia, su falta de interés; le hablé de nuestras carencias, de la poca ayuda que nos daba. Había estado ausente toda la vida, y en ese momento que más lo necesitaba, no aparecía.

¿Cuál fue el resultado? ¡Se molestó! Se enfadó tanto que, sin considerar que apenas tenía trece años de edad, me corrió de la casa; la casa que era de la abuela, donde crecí, donde fui feliz.

Tomé lo poco que tenía y me puse el uniforme escolar sin saber a dónde ir. empecé a caminar. En el trayecto, pensé en una tía, hermana de mamá. Caminé hasta su casa, ella no estaba y me recibió una prima. Tomé un baño y me fui a la escuela.

Al regresar en la noche a la hora de la cena, yo muy segura y valiente le pedí permiso para quedarme en su casa. Para mi fortuna, ella y su familia me recibieron bien.

Todo cambió: con mejor ropa, mejores zapatos y logré terminar mi secundaria. Para entonces cumplí quince años; tenía techo y comida, "¡nada me faltaba!" Pero el tiempo pasaba y empecé a necesitar cosas personales, artículos básicos, pero que no sabía cómo pedirlos. Entonces, tomé la decisión de salir de ahí. Ese día, mi tía salió de casa a cumplir un compromiso; esperé que todos se fueran y escribí una nota, dándoles las gracias por el tiempo y el apoyo que me dieron.

Al poco tiempo me fui a otra ciudad, según yo para un nuevo comenzar en casa de otro familiar. Conseguí trabajo, un tiempo todo estuvo bien, después todo cambió. Nuevamente, no sabía qué hacer; comencé una relación amorosa pensando que todo iba cambiar. Ahora tenía en quien confiar y compartir mi vida.

No fue así, la relación duró muy poco; no era lo que yo creía, ni lo que quería, así que en poco tiempo terminó. Yo ya no estaba sola, ahora tenía por quien luchar.

Sin el apoyo de nadie volví a comenzar. Finalmente, eso fue lo que aprendí de mamá, a trabajar, a salir adelante. Me creía fuerte. ¡Qué falta me hacías, mamá!

Así, traté de ser siempre fuerte. Con orgullo puedo decir que no le tuve miedo al trabajo ni a la vida. Salí adelante sola.

Al poco tiempo encontré un trabajo en una escuela de computación. ¡Wow!, algo nuevo para mí, estar frente a una computadora con acceso a internet. Un buen día empecé a usar un programa llamado Ares. Este programa era para descargar música, ¡ah! pero yo, bien inteligente, descubrí que se podía chatear.

Descubrí que se podía platicar con gente de todo el mundo; Ahí conocí a alguien, y digo a alguien porque en ese momento no pensé que podría convertirse en lo que hoy es.

Comenzamos a chatear, después hablábamos por teléfono, nos comunicábamos por video llamadas. Creció nuestra confianza, empezó a darme más atención; hablábamos de todo, conocía mi situación.

Un día me enfermé, no tuve acceso a internet por un buen tiempo, pensé que se olvidaría de mí. Cuál fue mi sorpresa que cuando regresé al trabajo, y de nuevo tuve acceso a internet, vi que tenía tantos correos electrónicos de él, tantos mensajes, que no dude en responder, y enseguida me contestó.

Así seguimos por otro tiempo, me sentía contenta, segura, y con el apoyo que necesitaba. Un buen día, me preguntó: "¿Quieres venir a los Estados Unidos?"Sin pensarlo yo le dije que sí, pero no estoy sola, creo que también sin pensarlo me dijo no importa. Tuve mis dudas, amistades me decían que no lo hicieran que no podía confiar en alguien que no conocía.

Creo que por primera vez puse a Dios en mi boca y dije, «Señor Jesús ,tú conoces mi vida y lo que he perdido. ¡Estoy en tus manos!»

Sin decir a nadie comencé mi camino.

Él quiso conociera a su mamá en México, quería que yo estuviera segura de la persona que él era, que no guardaba secretos. Todo fue tal cual me dijo, nunca me mintió. Estuve pocos días con su mamá, enseguida me vine. Fueron días difíciles, de caminar, de frío, de hambre; pero no me podía rendir.

Después de varios días, ¡por fin lo logré! Había cruzado a los Estados Unidos.

Fue en diciembre de 2006 cuando por fin nos vimos; estuvimos frente a frente. El encuentro no fue emotivo, fue algo simple y muy rápido, aunque llevábamos tiempo hablando, seguíamos siendo un par de desconocidos; sin embargo, estábamos dispuestos a empezar algo juntos.

No fue nada fácil, pero con el tiempo superamos las dificultades; a pesar de todo, con el tiempo hemos construido un amor, un hogar, una familia, trabajamos día a día por un futuro para nuestros hijos.

Nunca fui una persona de fe, de oración a Dios; creí que todo lo bueno pasaba por suerte.

Ya viviendo en los Estados Unidos, me visitaba una tía. Ella era muy espiritual, siempre me hablaba de la Biblia, de la palabra de Dios. Al principio era incómodo para mí, porque no fui una persona de fe, sin embargo, ella era tan linda, siempre tenía la palabra correcta para hablarme de Dios.

Un día, ella se enfermó, poco a poco iba perdiendo su voz; aun así, no abandonó su misión, seguía llamando por teléfono, enseñándome la Biblia. El tiempo pasó y poco a poco ella perdió la voz, pero no abandonaba su misión. Me llamaba por teléfono, yo leía la biblia y ella solo me escuchaba.

Un día, con su voz quebrada y cansada se despidió, y me dijo: El día que alguien toque tu puerta para hablarte de Dios, ahí estaré yo. Guardé sus palabras en mi corazón.

Pasaron años, y un día cualquiera tocaron a mi puerta. Se trataba de una mujer tan parecida a mi tía; venía a hablarme de Dios. Con sentimientos y pensamientos encontrados comencé a llorar sin poder parar, sin poder explicar lo que en ese momento sentía. La mujer sorprendida y sin saber qué hacer ni qué decir, solo se quedó parada en la puerta, hasta que yo pude hablar para explicar el motivo de mi sorpresivo llanto. Ella me escuchó y me dijo: "Claro que sí, soy yo la que viene a continuar con la misión que tu tía empezó".

Estuve un tiempo con ella, aprendiendo de la palabra de Dios. Después ella tuvo que irse, pero dejó a otra mujer en su lugar, doña Mari, un ser humano tan maravilloso, una persona con tanta paciencia, tanto amor a la palabra de Dios, que movió en mi corazón esa fe, ese deseo por conocer más de nuestro padre Dios, Divino Creador.

Aunque no podemos ver a Dios, Él está en todas partes, está en personas maravillosas como las que he encontrado en mi camino. Ahora tengo una deuda inmensa con Dios por que me he rescatado de la oscuridad.

Lo que ha hecho Dios en mi vida, despertó ha despertado en mí el deseo de que todo el mundo conozca su palabra. Desafortunadamente todavía hay mucha gente que no cree, que se burla de la fe de quienes ya conocen a Dios. Siento compasión por esas personas que se burlan o se molestan cuando escuchan a alguien hablar de Dios, de la Biblia. No se dan cuenta de que viven en una senda oscura.

Me siento en una hermosa etapa de mi vida, mis hijos ahora son mayores y gracias a todo lo que mi esposo les ha dado, amor, cariño, respeto y todo lo que les ha enseñado, son hombres de bien; trabajan, casi son independientes. Somos una familia de seis integrantes.

Con mi padre tengo una mejor relación; al conocer la palabra de Dios tuve la necesidad y el deseo de hablar con él, de perdonarlo.

Ahora solo me queda darle Gracias a Dios por el hombre que puso en mi camino, ese hombre que trabaja todos los días para que no falte nada en casa y que no pasa un día que no me diga lo contento y orgulloso que está por lo que hemos logrado.

Por mi parte le doy gracias a Dios por esta bendición.

No soy una persona expresiva de mis sentimientos, en casa no nos enseñaron a decir "te quiero", a darnos un abrazo; Hay cosas que no sé cómo decirlas.

Amor, cuando leas esto, sabrás lo que significas para mí, la maravilla que Dios ha hecho al ponerte en mi camino. ¡Gracias por todo el amor, el respeto y sobre todo por los hijos que hemos criado!

Hijos, los quiero con todo mi corazón, son mi mayor bendición

Hermanos, los quiero y espero pronto ese reencuentro que tanto anhela mi corazón.

Papá, te quiero.

Este capítulo está motivado por mi fe en el amor que Dios me ha demostrado, en su fidelidad.

Recuerda que, aunque el mundo te falle, Dios te levantará.

ARACELI LOPEZ

Nació en Piaxtla Puebla. Fue diagnosticada con distrofia muscular del sistema nervioso. Ha vivido desde los ocho años de edad en la ciudad de Nueva York, donde fue a la escuela hasta high school, donde aprendió a sobrevivir los estereotipos de una persona enferma con distrofia muscular.

A sus diecinueve años se convirtió en madre de su primer hijo; tiene tres hijos, dos de ellos desafortunadamente heredaron la enfermedad de su mama, lo que se convirtió para Araceli en otro motivo para seguir adelante.

Lucha para que la gente comprenda a las personas con discapacidad, argumentado que, si las personas sin discapacidad enfrentan dificultades, es motivo suficiente para ver con mayor consideración a aquellos que sí las tienen. En su capítulo quiere enseñar que la vida es una y hay que vivirla, sobreviviendo a cualquier obstáculo que se presente. Aunque su vida no es lo que soñó, aprendió a vivir y a ser una persona independiente; no es fácil pero tampoco es imposible, ¡hay que vivir para soñar!

Fenomenales, vuelve a soñar

Fenomenales, vuelve a soñar

LA VIDA QUE NO SOÑÉ

Araceli López

La vida puede ser difícil, pero siempre hay un motivo para agradecer. A pesar de todas las pruebas que he enfrentado y que aún enfrento, estoy agradecida por despertar cada día con salud y por tener a mi lado a mis hijos y a mi familia. Mi nombre es Araceli López, y hoy quiero contarles mi historia.

Mi enfermedad empezó a manifestarse cuando tenía tan solo 4 años, aunque no fue hasta los 8 que me diagnosticaron con distrofia muscular. Cruzar la frontera como inmigrante con una enfermedad como la mía no fue fácil. Mi madre y mis tres hermanos también pasaron peligros conmigo. Al llegar a este país, mis padres me llevaron a un hospital donde me sometieron a muchos estudios dolorosos hasta que finalmente, tuvieron el diagnóstico confirmado. En México me habían dicho que era polio, pero resultó ser distrofia muscular, una enfermedad parienta del polio.

Mi madre también tenía la enfermedad, así como mi abuelita materna y una de mis tías. Cuatro mujeres en mi familia teníamos esta enfermedad genética, y eso hizo que las cosas fueran aún más difíciles. Pero a pesar de todo, siempre he sido una luchadora y he tratado de enfrentar cada día con fuerza y esperanza.

Hoy, a mis 44 años, tengo tres hermosos hijos: Rafael de 25, Victoria Gabriela, de 23; y Milagros de los Ángeles, de 19. Todos ellos nacieron por parto natural, algo que muchos no creían posible debido a mi enfermedad. Pero lo logré, y no hay nada que me haga sentir más orgullosa que eso.

Para mí, cada día era una lucha. La enfermedad me había robado la normalidad, la libertad de ser como los demás, de caminar sin dolor y sin ayuda. Era una batalla constante, tanto física como mental. Los estudios, las terapias, las prótesis... todo era agotador. Pero lo más difícil era enfrentar las burlas y el rechazo de los demás. Me sentía sola y diferente, como si nadie me quisiera por ser como era. En la escuela, los compañeros me señalaban y se burlaban de mi cojera, en lugar de ofrecerme una mano para levantarme cuando me caía. Y en casa, mi padre me prohibía tener amigos, porque temía que se burlaran de mí.

Pero yo no quería resignarme a ser una presidiaria en mi propia casa. A pesar de las limitaciones impuestas por mi enfermedad y por mi padre, empecé a soñar con una vida diferente. Quería ser cantante, pintora, maestra... quería ser libre. Empecé a fijarme en los chicos, aunque ellos no lo hicieran conmigo. Me puse otros lentes para ver la vida, y aunque mi padre siempre era negativo y me decía que nunca podría valerme por mí misma, yo seguía soñando. Sin embargo, la cruda realidad me golpeaba cada vez que intentaba escapar de mi condición. Las limitaciones físicas y las restricciones de mi padre me hacían sentir atrapada, sin posibilidad de salir adelante. Pero a pesar de todo, seguía luchando. Seguía soñando con una vida mejor, con más oportunidades, con más libertad. Porque, aunque la vida que vivo no es la que soñé, todavía tengo la vida, y eso es algo que valoro y agradezco cada día.

Las limitaciones que ponía mi padre a mi libertad, me hacían soñar con escapar a escondidas, pero la cruda realidad me sumía en la frustración. La enfermedad me tenía amarrada de pies y manos: no podía cargar nada pesado, no podía agacharme, no podía correr, no podía sentarme ni pararme sola... no era independiente.

Llegaron mis 17 años de edad, y con ellos... mis hormonas juveniles empezaron a hacer ebullición. Conocí al que ahora es mi esposo en la puerta de mi edificio y fue la única persona, en mi corta vida, que me veía diferente. Nunca se fijó en mi forma de caminar, nunca me hizo sentir mal por mis manos temblorosas producto de la enfermedad. Me preguntó: "¿Quieres ser mi novia?". Yo no lo pensé dos veces, pero mi papa dijo: "¡No, ni lo sueñes!; ningún hombre te tomará en serio. Solo quiere jugar contigo; quiere tomarte como un juguete". Sus palabras provocaron una mayor inseguridad de misma. Le creí.

Dejé a mi novio, con quien ya tenía una relación secreta. Me deprimí y comencé a comportarme de manera más rebelde. Me enojaba conmigo misma por no ser normal, gritaba de rabia por mi condición. Mi novio quería pedir mi mano formalmente para casarnos, pero mi padre lo echó. Sin embargo, como ya estaba en rebeldía, me escapé con él y así hui con el amor de mi vida.

Un año después, tuvimos nuestro primer hijo, Rafael, y comenzó una nueva vida que nunca imaginé: mi hijo también fue diagnosticado con distrofia muscular congénita. ¡Fue un golpe aún peor para mí! Pensaba: "¿Y ahora qué hago? Yo enferma y mi hijo igual". Pero Dios nunca me abandonó.

Empecé a tener mucho más conocimiento de nuestra enfermedad. Nunca la descuidé, pero la vida no es como la soñamos. A los 3 años tuve mi segundo bebé, esta vez una niña, Victoria. Pero la noticia fue fatal: mi niña fue diagnosticada con la misma enfermedad. ¡No podía creerlo! Mi mamá me tuvo a mí y a 6 hermanos más. Mis primeros dos hermanos nacieron sanos. Yo era la única enferma, pero después, mi mamá tuvo 4 más y ahí éramos 3 mujeres enfermas y 1 hombre. Ahí entendí que la transmisión genética era parte de nuestra enfermedad. Mis primeros dos hijos nacieron con este padecimiento. Decidí no tener más hijos. Me cuidaba para no quedar embarazada, pero Dios me quiso dar otra niña: Milagros. Nació sana; es mi milagro, mi esperanza y la de mis otros dos hijos; ahora tenían una hermana que los ayudaría en la vida. Pero, ¿qué creen? Mis hijos han crecido con una actitud positiva mucho más grande que la mía. Nunca me di por vencida. Siempre les enseñé que tenían que ser independientes, valerse por sí mismos, vivir, soñar y lograr sus sueños.

Fue todo un reto, una batalla que enfrenté con coraje y determinación. A pesar de mi condición, nunca descuidé a mis hijos, nunca los dejé solos. Ellos eran mi prioridad, hasta que crecieron y tomaron su propio camino. Pero yo seguía dependiendo de mi esposo, y aunque no puedo decir que es el mejor esposo, sí es el mejor padre que mis hijos pudieron tener. Sin embargo, llegó el momento en que sentí la necesidad de tomar acciones y buscar mi independencia.

Fue a finales del año 2015 cuando empecé a vender productos de Tupperware, y debo admitir que al principio fue un reto muy difícil. No conocía a nadie, solo a mi familia, y después, poco a poco, a gente que no conocía de nada. Fue un camino lleno de obstáculos, de estrés, de desilusiones, pero también de emociones nuevas, que desconocía hasta entonces. Desde pequeña, fui una persona asocial, pero aprendí a lidiar con la gente, a pesar de mis limitaciones. Descubrí que no era diferente a nadie, que podía conquistar mis sueños, aunque fuera paso a paso, pero que podía hacerlo.

Mi esposo me apoya en todo lo que puede: me ayuda a repartir mis productos y a velar por mis hijos, pero en lo económico no puede hacerlo. A pesar de todo, logré alcanzar lo que quería, aunque por un momento se me olvidó que estaba enferma, que tenía limitaciones físicas y poco tiempo para tanto por hacer. Todo esto representó nuevos retos y obstáculos en mi camino. Aunque mi enfermedad empeora con los años, no me rindo, porque por primera vez en mi vida me siento plena. Los límites me los pongo yo, y sé hasta donde puedo llegar, y donde debo llegar. He crecido mentalmente, he superado mis miedos, mis dolores, mis obstáculos, y he logrado cumplir mis metas financieras: pagar mi renta, mis facturas mensuales, y todo gracias a Tupperware.

Ha sido un camino difícil, lleno de retos y obstáculos, pero nunca imposible. Siempre agradezco a Dios por abrirme caminos y por poner en mi camino a las personas correctas en el momento justo. Nunca he tenido tiempo para decir "no puedo", porque aunque no pudiera, tenía que hacerlo. Mis hijos son la bendición más grande que Dios me ha dado en la vida. Ambos tienen la misma enfermedad que yo, y con ellos aprendí a perdonar a aquellos que me lastimaron en el pasado. Yo tuve que enseñarles a ser fuertes en la vida, a pesar de nuestra condición especial. Les enseñé que somos especiales, pero que eso no debe detenernos para cumplir nuestras metas.

¿Se imaginan revivir cada momento de dolor que pasamos diariamente con mis hijos enfermos? Cada burla que les hacían, cada vez que se sentían diferentes a los demás. Pero yo me hacía más fuerte, porque por mi culpa ellos estaban sufriendo, pero ellos me enseñaron que no era mi culpa, sino que Dios tenía un plan superior para nuestras vidas. Mi hija mayor me ha apoyado mucho en mi emprendimiento, y ella me motiva a seguir adelante con mi negocio. Mis tres hijos son mi vida.

En el camino al éxito, experimenté quizás el peor dolor emocional de mi vida: uno de mis hermanos fue diagnosticado con cáncer terminal. Él fue un motivo más para seguir adelante, porque desde pequeños me decía: "Vive tu vida, no dejes que tu enfermedad te corte las alas para soñar". Aunque él estaba enfermo, siempre me apoyaba y me echaba porras. Lamentablemente, falleció, y para mí fue un golpe muy fuerte. Pero en mi corazón, se quedaron sus palabras de aliento, para que yo siga echándole ganas a la vida.

A medida que el tiempo pasaba, mi negocio se convirtió en mi prioridad. Se convirtió en mi motivación para alcanzar todo lo que deseaba. Yo, la asocial, la desconfiada, la enojona, la miedosa, ahora sé que todo se puede lograr con empeño. He demostrado a la sociedad que, si te lo propones, puedes hacer muchas cosas, incluso con distrofia muscular. Siempre hay nuevas formas de hacer las cosas, lo veo y lo he vivido. Les hablo a mi equipo de ventas y les digo: "Imaginen qué sueño tan grande tengo que he logrado llegar hasta aquí. Ustedes también deben hacer lo mismo, abrazar algo que les mantenga encendido el corazón". Les enseño a ser agradecidos por estar sanos. ¡Cuánto no daría por tener sus piernas y su habilidad para ir a donde quieran sin ayuda!

Hoy en día, mi mayor deseo es que mis hijos nunca se detengan de hacer lo que más les guste en la vida. Que nadie les diga lo que pueden o no hacer. Al contrario, la verdadera incapacidad es tener un corazón que no lucha por lograr sus sueños. Nueva York es solo una ciudad donde puede pasar de todo, pero nunca será un lugar de imposibles. Vivan al máximo, disfruten cada día y no dejen que nada los detenga.

Fenomenales, vuelve a soñar

CLAUDIA PARTIDA MARTINEZ

Nací en Jamay, Jalisco, México, y radico en el norte de California.

Actualmente soy networker, mamá y esposa.

Mi misión como empresaria es lograr que miles de vidas sean transformadas a través de mi ejemplo.

Me apasiona compartir alguna enseñanza con cada mujer que Dios pone en mi camino, pero también me entusiasma estar en modo "APRENDIZ DE LA VIDA".

Tengo el gran privilegio de ser coautora de este libro, "Fenomenales, vuelve a soñar", donde un capítulo de mi vida fue plasmado con el único fin de inspirar a cada lectora para encontrar UNA ESPERANZA VERDADERA.

Fenomenales, vuelve a soñar

NECESITO TANTO DE UN MILAGRO... ¡RESUCÍTAME!

Claudia Partida

Necesito tanto de un milagro, resucítame… estas son las palabras que brotan de lo más profundo de mi ser en medio de la oscuridad de mi cuarto, mientras me cubro con mis cobijas para soportar el frío de esta madrugada, las 2:52 a. m. Es hora de escribir sobre esta parte de mi vida, la cual he titulado "Necesito tanto de un milagro, resucítame…".

Antes de empezar, quiero dar gracias a Dios por permitirme compartir mi historia contigo. Aquí encontrarás risas, lágrimas y, sobre todo, esperanza verdadera. Mi nombre es Claudia Nayely Partida Martínez, y aunque sé que es largo, bendigo a mis padres por haberme dado un nombre tan hermoso. Actualmente resido en la ciudad de Fairfield, California, pero soy originaria de un hermoso pueblo llamado

Jamay en el estado de Jalisco, México. Es allí donde comienza mi historia.

Desde muy pequeña, fui una soñadora empedernida. Uno de mis mayores anhelos era tener una familia unida, feliz, y ver a mis padres siempre juntos. Pero la vida me tenía otros planes. A la corta edad de 9 años, ya llevaba una vida reprimida, triste, solitaria, llena de rabia y coraje, y con un corazón roto por todo lo que injustamente tuve que presenciar en un hogar disfuncional. La ausencia de mi padre, quien tuvo que emigrar a los Estados Unidos para darnos un mejor futuro, agravó aún más mi situación.

Varios años después, ya adulta, encontré el amor y formé una hermosa familia de tres: mi esposo, mi gran bendición, y mi hija Yaneli, quien es una verdadera bendición de Dios. Pero antes de eso, pasaron más de 15 años cargando con muchos complejos, que desembocaron en una profunda crisis.

Lo que menos quería en mi vida era repetir los patrones de mis padres, pero sin darme cuenta, ya estaba actuando como ellos. Mi hogar paterno estaba conformado por siete personas. Fueron años muy difíciles. La relación con mi madre estaba tan fracturada desde los 9 años que ambas no hacíamos más que discutir constantemente. No había respeto y el poco amor que tenía por ella cada día se iba transformando en un horrible resentimiento.

Por fin mi hogar quedó reducido a tres. Pensé que esa sería la solución para poner fin a todos mis conflictos, pero no fue así. Los malos recuerdos llegaban a mi mente una y otra. Por más coaches, ayuda, ejercicios de sanación que practicaba, nada funcionaba... Mi alma estaba ya a punto de explotar.

Todo empeoró cuando la infidelidad se presentó de nuevo en mi camino; nuevamente fui yo quien viera todo y tiempo después quien terminara con todo. En ese momento, Dios ya empezaba a manifestarse en mi vida, aunque no lo entendiera así. Cada vez más personas me hablaban de Él y de su amor. Entre más aprendía de Dios, lo buscaba solamente para pedirle una explicación, en mi ignorancia, del por qué a mí y no a mis hermanos. Si tanto me amaba como Él decía, ¿por qué había permitido tanto dolor, tanto sufrimiento, tanta injusticia durante todos estos años?

¿Qué tan grave fue todo? Para guardar la privacidad de los involucrados no daré detalles, pero fui una niña que sufrió en un hogar disfuncional, lleno de abusos físicos, verbales, sexuales, infidelidades...

Finalmente, la piedra estaba rodando.

En el año 2019, mi esposo, mi hija y yo tuvimos que dejar la casa y la ciudad donde vivíamos en ese momento. Por destino de Dios, llegamos nuevamente como vecinos de mis padres (por más que quería vivir lejos, el destino más se empeñaba en juntarnos), sin imaginar lo que sucedería meses después. Para entonces, escuché una canción que se convirtió en mi clamor permanente: "Resucítame" de Aline Barros.

El 20 de octubre de 2020

En plena pandemia y con un agotamiento emocional y físico que me consumía, me consideraba un fracaso total como esposa, como madre y como empresaria. Para colmo, en ese día, decidí armarme de valor y hablar con la verdad. No podía cargar más con una complicidad que me llevaba al abismo emocionalmente. A pesar de conocer las consecuencias, una voz dentro de mí gritaba tan fuerte que no pude ignorarla. Así que hablé, solté todo lo que llevaba dentro. La separación de mis padres se hizo inminente, y aquel sueño que tenía desde pequeña de ver y tener una familia unida llegaba a su fin.

Ese día fue un caos terrible. Mi mundo se estaba desmoronando. Mis ojos se fijaron en el cielo y sentí como mi alma se liberaba de un peso mortal. Vi cómo algo negro salía y se desprendía de mi cuerpo. Di un respiro profundo lleno de libertad y a pesar de que el momento era difícil, sentía una paz inexplicable. Después de varios meses de la separación de mis padres, las cosas iban mejorando. Pero un día, un nuevo invitado tocó la puerta de mi vida: la depresión. Si alguna vez has pasado por ello, sabrás lo feo que es.

El sol intentaba colarse por mi ventana sin pedir permiso. Pero hoy, sus rayos de amor me molestaban y solo lograban que me refugiara bajo mis sábanas. Sentía una tristeza tan profunda que no podía identificar su origen. No quería salir de mi cama, solo quería dormir, hasta que escuché la voz de mi hija: "Mamá, tengo hambre". Esa fue la única razón que me sacó de la cama, pero la tristeza y las ganas de llorar se agudizaban. Prendí mi celular y abrí YouTube. ¡Sorpresa!

Mi canción favorita, "Resucítame", comenzó a sonar. Ya la había escuchado muchas veces, pero esta vez fue diferente.

Un quiebre llegaría a mi vida, el milagro tan deseado estaba a punto de suceder. Comencé a entonar la canción con una voz entrecortada por un mar de emociones. Pensé que quizás un baño me ayudaría a sentirme mejor, pero todo empeoró cuando abrí la puerta de mi ducha. El miedo se apoderó de mí, y comencé a temblar. Pasaron unos minutos hasta que puse un pie dentro de la ducha. Mientras el agua caía en mi cuerpo, sentía que me ahogaba. Pero justo en ese momento, mi fiel amiga "doña bocina" comenzó a tocar "A tus pies" de Miel San Marcos. Mientras sonaba cada frase, algo dentro de mí se alborotaba. Me hizo caer de rodillas con un llanto imparable. Cada vez estaba más cerca mi milagro.

Un cambio de GPS hacia una cita divina

Eran alrededor de las 3:30 pm cuando mi esposo llegó del trabajo. En lugar de recibirlo como siempre lo hacía, le dije con una voz desesperada: "¡Sácame de aquí, llévame a un parque por favor!" Él, sin cuestionar, me abrazó y me dijo: "¡Está bien! Vámonos". Tomó a nuestra hija en brazos y nos subimos al carro. Me preguntó: "¿A qué parque quieres que te lleve?".

Le contesté: "Al de los pavos reales, que está ubicado en una ciudad cercana llamada Vallejo, CA". Ya íbamos en camino cuando le dije: "Compremos algo de comer". Me bajé del auto, entré al restaurante, pedí la comida y, mientras esperaba, oí una voz sutil que me dijo: "El parque del hoyo".

Algo en mí se encendió. Subí al auto y le dije: "¡Sabes qué, vamos al parque del hoyo!".

Mi esposo me preguntó: "¿Y cuál es ese parque?". Tenía años que ni me acordaba de ese parque, así que fuimos. En realidad, se llama "Laurel Creek". Eran alrededor de las 6:00 pm, estaba sentada leyendo la Biblia, uno de mis dos libros con los que salí de casa. Pasó un señor con una guitarra en mano, el cual robó mi atención (ahora es mi Pastor de la Iglesia a la que asistimos mi familia y yo).

Al poco rato, mientras leía, escuché ecos de música a lo lejos. Le dije a mi esposo: "Acompáñame, vamos a ver qué sucede allá". Agarramos a nuestra hija y nos cambiamos de lugar, más cerca de esa música que me agitaba. Finalmente, vi lo que sucedía. Había un grupo de muchas personas con sus manos elevadas al cielo, cantando. El señor que había visto pasar con su guitarra estaba ahí cantando.

Algo de mí quería estar ahí, pero la verdad me daba vergüenza acercarme. En eso, otra reacción extraña empezaba en mi cuerpo mientras escuchaba sus voces cantando: "Levanto mis manos, aunque no tenga fuerzas, aunque tenga mil problemas...". Sentí unas ganas fuertes de llorar; todo me daba vueltas. No podía ver nada, solo podía oír sus voces y sentir un fuego que ardía en mí.

Le dije a mi esposo: "Ayúdame, algo me pasa, no sé qué es, no puedo ver, todo gira y siento un fuego dentro de mí...". Así duré por varios segundos. Comencé a respirar conscientemente. Era una cita divina, una cita con un Dios vivo, el cual estaba respondiendo a mi oración, por la cual había clamado tanto. Durante toda la tarde y parte de la madrugada siguiente, pude experimentar su presencia de una manera que nunca antes había sentido. Fue una experiencia inexplicable, llena de emociones que no puedo describir con palabras.

Lo más increíble de todo, es que me di cuenta de cómo mi hija había sido utilizada por el poder divino para atraerme a mí y a toda mi familia hacia Él. Fue una revelación impresionante, una muestra de amor que me conmovió hasta lo más profundo de mi ser.

Desde aquella tarde, mi vida cambió para siempre. Todo comenzó a transformarse de una manera milagrosa y para bien. Ahora sé que fue Dios quien estuvo en medio de todo ese proceso, atrayéndome con sus lazos de amor, permitiendo que ciertas cosas pasaran para llamar mi atención y que Él fuera mi único socorro, todo con un propósito mayor.

Hoy en día, recordar mi pasado ya no duele como antes, sólo queda como una herida, una marca de un antes y un después que Él, con su amor, ha ido sanando. Él ha convertido mis tumbas en hermosos jardines, ha depositado en mí un amor tan grande por mi madre que ahora sólo puedo pedirle que me permita honrarla y amarla mientras estemos en esta tierra. Él ha dado un verdadero sentido a mi vida, ahora sé que existo por un propósito. Mi matrimonio Él lo ha restaurado y podría contarte miles de cosas que ha hecho en mi vida, pero lo único que quiero compartirte es que Él depositó este sueño en mí y alineó todo lo necesario para que hoy tú pudieras estar aquí con nosotros, en esta cita divina. No es una coincidencia.

Oro por ti y por cada persona que tenga este libro en sus manos y que no le conoce, para que puedas experimentar su presencia, su amor y la paz que Él nos ofrece. Y que, así como yo encontré una esperanza en Él, tú y tu familia puedan tener esa misma oportunidad. Entrega tu corazón y tu vida a Él y verás cómo su poderosa mano resucitará todo aquello que ha estado muerto.

CRISTINA LÁZARO

Nací en México; sin embargo, en el año 1997 tomé la decisión que cambiaría mi vida. Emigré a los Estados Unidos para tener mejores oportunidades. Me siento orgullosa de trabajar con mujeres para el éxito. Mi propósito es lograr que más mujeres cumplan sus sueños. Quiero dejar un legado, que mis hijos se sientan orgullosos, y más mujeres tengan la oportunidad de dar un cambio en sus vidas, de amor y prosperidad, de ser gente que apoya a la gente... el legado del amor a la vida.

Fenomenales, vuelve a soñar

MI MENTE Y MI FE SON MI MAYOR PODER

Cristina Lázaro

Hola soy una chica alegre en mi familia, tengo cinco hermanas y un hermano. Nací en México y llegué sola a los Estados Unidos en el año 1997, con muchos miedos que me iba a enfrentar, pero con muchos sueños, con el deseo de superarme y también poder ayudar a mi familia en México.

Siempre he sido una persona muy decidida y luchadora, y creo firmemente que si me propongo algo, lo consigo, siempre con la ayuda de Dios.

A pesar de haber pasado por situaciones difíciles, he sabido sobrellevar las adversidades de la vida. A pesar de haber pasado situaciones difíciles. A pesar de todo lo vivido, no permito que me limiten. Tengo sueños por cumplir y no dejo que las circunstancias ni las personas me las arrebaten.

Desde muy temprana edad, comencé a trabajar limpiando casas, en las que ayudaba a hacer pan y también los vendía. Siempre me gustaba vender. También vendía dulces y chicharrones por las noches.

Observando a mi madre en sus quehaceres, aprendí mucho sobre cómo hacer mi trabajo. La mayoría de las veces, lograba vender todo lo que llevaba a la plaza, pero cuando no lo lograba, intercambiaba mis productos por comida. Recuerdo claramente el día que encontré 20 dólares en el piso, fue ese momento cuando decidí que quería ir a los Estados Unidos y tener más billetes como ese.

Cuando cumplí trece años de edad, mi madre enfermó y necesitaba medicamentos costosos para recuperarse. Me sentía responsable de ayudarla, así que vendía en la plaza para juntar el dinero que necesitábamos. Fue entonces cuando escuché a una señora buscando una ayudante para trabajar en Acapulco. Sin pensarlo dos veces, le pedí la oportunidad de trabajar para ella, a pesar de mi corta edad. La señora me dijo que apenas tenía trece años, pero yo insistí en que me diera una oportunidad. Fui a mi madre para pedirle autorización, pero al principio no estuvo de acuerdo. Sin embargo, le expliqué que era la única manera de conseguir el dinero que necesitábamos, y finalmente aceptó.

Desde entonces, he seguido adelante, trabajando en lo que sea necesario para conseguir lo que me propongo, vendiendo productos o sirviendo en lo que requieran. Siempre he sido una persona muy trabajadora y no me rindo ante las dificultades. Creo que lo más importante en la vida es tener determinación y perseverancia, y no permitir que nada ni nadie nos detenga en nuestros sueños y metas. En Acapulco, trabajé en un restaurante, que fue mi primer trabajo. Fue una experiencia interesante porque conocí a muchas personas que llegaban de los Estados Unidos. Aunque me gustaba el trabajo, yo era tímida prefería estar en el área de la cocina para no tener contacto con ninguno. A veces, me sentía sola y extrañaba mi hogar y mi familia. Algo a lo que no quise prestar mucha atención. Pero siempre tuve en mente las necesidades de mi familia, quienes seguían teniendo dificultades en mi pueblo.

Cuando estuve en Acapulco, me enfermé, pero no le di mucha importancia porque no quería preocupar a mi familia y prefería pensar en ellos y en sus necesidades. Sentí que muchas personas no me apoyaron en ese momento difícil, pero me di cuenta de que tenía que salir adelante por mí misma.

Por entonces, una de mis tías se fue a los EE. UU. Cuando regresé de Acapulco, coincidí con su regreso. Escuchando todo lo que mi tía había logrado en el país vecino, decidí decirle a mi mamá que me iría con ella. Afortunadamente, me autorizó y conseguí el dinero prestado para emprender mi viaje. Cuando decidí irme a los EE. UU. con mi tía, sabía que no sería fácil. Pero estaba dispuesta a hacer lo que fuera necesario para ayudar a mi familia. Pasé la frontera sin problemas, pero mi tía no tuvo tanta suerte. Fue una experiencia aterradora; apenas era una adolescente y no sabía que camino tomar después de correr por el desierto, pero afortunadamente encontré a una mujer embarazada, que también venía del desierto, con una niña de la mano. Juntas nos apoyamos para llegar al lugar donde nos esperaba su prima. Fue difícil al principio, pero poco a poco fui adaptándome y buscando mi camino en este nuevo país. Ella se encontraría con su esposo tres días después. Entonces le rogué a su prima que me diera posada hasta que un primo fuera a recogerme en algunos días (No supe qué otra excusa inventar para tener posada).

Este país nadie me espera, estaba sola, sentía miedo soledad, tristeza.

A pesar de todo, siempre he sido una persona aventurera y decidida. Cuando llegué a los EE. UU. a la edad de 14 años, salí en busca de trabajo por mi cuenta. Aunque era joven y mucha gente me decía que fuera a la escuela, sabía que tenía que trabajar duro para ayudar a mi familia. Finalmente, me reencontré con mi tía en el lugar acordado. Ella vino con su hijo.

A lo largo de los años, he enfrentado muchos desafíos y obstáculos. Pero siempre he tratado de mantenerme positiva y enfocada en mis metas. A pesar de la distancia, siempre he estado en contacto con mi familia en México y he tratado de apoyarlos en todo lo que puedo. A veces, siento nostalgia por mi hogar y mi cultura, pero también estoy agradecida por las oportunidades que he tenido aquí.

Cuando llegué a los Estados Unidos, estaba tan emocionada por la idea de una nueva vida que no me importó mucho la posibilidad de ir a la escuela. Me enfocaba en hacer dinero rápidamente.

Un día, mientras sacaba la basura, entablé un diálogo con una vecina y le pregunté si conocía a alguien que pudiera ayudarme a encontrar trabajo. La vecina aceptó amablemente que su hija me enseñara cómo buscar empleo. La chica me acompañó solo una vez, a pesar de los riesgos, decidí salir y buscar trabajo por mi cuenta. Quería ayudar a mi madre y arreglar nuestra casa, por lo que estaba dispuesta a trabajar duro para lograrlo.

En poco tiempo, encontré trabajo en una fábrica de ropa. Fue un trabajo duro, pero me mantuvo ocupada y me ayudó a ganar algo de dinero para ayudar a mi familia.

Desafortunadamente, en mayo de 2021, me di cuenta de una pequeña protuberancia negra debajo de mi pie. Me hicieron una biopsia y me diagnosticaron cáncer. Fue una noticia devastadora para mí y para mi pareja, pero él se mantuvo positivo y me apoyó durante todo el proceso. Aunque el camino no ha sido fácil, estoy agradecida por el apoyo y la fuerza que hemos recibido de nuestras familias y amigos. Seguiremos luchando juntos para superar este obstáculo.

En mi vida, he enfrentado muchos desafíos, pero ninguno fue tan difícil como cuando descubrí que tenía cáncer. Todo comenzó con esa pequeña protuberancia que se infectó y me impidió caminar. Fui al hospital, donde los médicos me dieron la terrible noticia. Mi esposo, que siempre ha sido mi mayor apoyo, estuvo a mi lado durante todo el proceso, manteniéndose positivo y brindándome su amor incondicional.

Era un melanoma de cinco milímetros y medio, el tratamiento requerido fue de un año completo de quimioterapia.

Sabía que esto podría tener un impacto en mi hígado y tiroides, así que estaba muy nerviosa. Durante todo el proceso, no perdí mucho cabello y bajé de peso. Fue un tiempo muy difícil para mí y para mi familia.

La quimioterapia fue muy agotadora y mi hígado recibió la peor parte. Mi tiroides también presentó problemas. La quimioterapia afectó mi hígado y mi tiroides.

Durante seis meses, no podía poner el pie en el suelo, así que mi esposo José se encargó de todo mientras yo me centraba en mi recuperación. No pude cuidar a mis hijos. Mi hijo mayor Oswaldo fue de gran ayuda. y también conté con la ayuda de mi comadre Ceci. Nunca me sentí muy sola durante todo el proceso, mi fe en Dios fue lo que me mantuvo aquí.

Aprendí mucho durante mi batalla contra el cáncer. Tuve que aprender a valorarme a mí misma y a dejar ir el pasado, el dolor y la ira que me rodeaban. Me concentré en vivir mi propia vida y en amarme a mí misma como nunca antes lo había hecho. También aprendí que a veces, algunas personas eligen alejarse de nosotros durante tiempos difíciles. En otros casos, debemos separarnos de personas que nos impiden crecer. En ambos casos, debemos seguir adelante, haciendo el bien y confiando en Dios.

Vivir con cáncer es un proceso muy duro que requiere mucha fortaleza y positividad. Aunque tuve momentos muy oscuros, traté de mantener una actitud positiva y de luchar con todo lo que tenía en mí. En este país enfermarse es costoso. El único consuelo está en Dios que nunca nos desampara.

Mi experiencia con el cáncer me ha enseñado a ser fuerte y a valorar mi propia vida. Los animo a todos a perseguir sus sueños y a poner a Dios en primer lugar. Nunca se rindan y sigan adelante con valentía y determinación. El diamante es producto del carbón, sometido a toneladas de presión. No puedes ser un diamante reluciente sin pasar por dificultades. La vida puede ser difícil, pero siempre hay luz al final del túnel.

La familia en todo momento debe estar unida, mi papá siempre me decía: Que no debemos pelear por nada y siempre estar unidos, Mi mamá siempre decía que a todos sus hijos los quería por igual.

Te dejo con una frase: Lo que has perdido te será devuelto y multiplicado, lo que ha dolido será sanado, y lo que aún no has encontrado será puesto en tu camino, porque todo lo que te has ganado por derecho divino llega a ti por fe.

Fenomenales, vuelve a soñar

EDITH MONTIEL

Edith García Montiel nació en Ecatepec, Estado de México y se crió en Cuernavaca, Morelos, México; sin embargo, emigró a los Estados Unidos en el 2001. El estilo sencillo de sus videos en los que comparte consejos le ha permitido captar miles de seguidores, convirtiéndose en una reconocida líder de network marketing; gracias a esto, actualmente capacita mujeres para el éxito. Su propósito es ayudar a más mujeres a cumplir sus metas.

Fenomenales, vuelve a soñar

Fenomenales, vuelve a soñar

SIN MIEDO AL ÉXITO

Edith Montiel

Estrenar automóvil cada año, tener propiedades en México y los EE. UU. y viajar a donde quiero parece el beneficio de un billete de lotería. Se cree que unas personas nacen con estrella y otros estrellados, pero la realidad es otra. A través de mi historia quiero demostrarte cómo Dios te pone en ceros para bendecirte. Cuando tocas fondo y todo parece estar en tu contra, Dios te muestra la ruta a seguir para cambiar las cosas.

Recuerdo cuando era menor de edad; mi casa quedaba a diez minutos de Ponds, la empresa de cosméticos. Escuchaba a tantas mujeres diciendo que deseaban trabajar allí, que un día le dije a mi mamá: «Cuando cumpla 18 años voy entrar a trabajar a Ponds». Mi mamá muy enojada, me respondió: «¿Por qué quieres trabajar en Ponds?, tú no eres del montón». Esa afirmación me selló el corazón para siempre.

Desde entonces, evito hacer lo que todos hacen y busco lograr resultados extraordinarios y elijo rutas poco convencionales.

Mi padre era artesano y fabricaba diferentes artículos en bambú, como rondadores, palo de agua, flautas cascadas, pipas, entre muchas otras artesanías. Siempre me decía: «Si te gustan las ventas, nunca te va a faltar el dinero». Sus palabras eran acompañadas por su ejemplo. Siempre me llevaba a vender sus productos al por mayor a diferentes ciudades; conocí muchos Estados de la República Mexicana gracias a su empeño de llevarme siempre consigo. No sabía leer ni escribir, pero sabía contar y eso fue suficiente para levantar una empresa que daba de comer a siete familias. En mi casa nunca tuvimos carencias, logró construir su propia casa y una vivienda para mi abuela; pero lo más importante para mí: Construyó mi carácter sobre principios bien firmes.

Mamá era su complemento perfecto, siempre ahorrando; «vamos a invertir aquí, vamos a invertir allá», decía. Trabajaba con mi padre y ¡vaya que le ayudaba a administrar bien su dinero! Mi padre tiene la alegría, el chachachá, el mambo; mi madre es tranquila, sosegada; son el equilibrio perfecto. Cuando yo llegaba del colegio le pedía que jugáramos. Ella, con todas sus ocupaciones, nunca me decía que no; pero siempre tenía una fórmula para que el juego no durara mucho: «Vamos a jugar, pero yo escojo el juego», decía. Jugábamos con las palmas de la mano; era una dinámica en la que terminaba con tantos pellizcos, que rapidito le decía que ya era suficiente. Era una mujer incansable que usaba su creatividad para atender el negocio y los quehaceres de la casa sin descuidar nuestra niñez. Para estar atenta a los alimentos y pasar un buen rato con nosotros, pintó en el piso las gráficas para jugar al coyote y las gallinas. ¡Cómo olvidar aquellos tiempos! A pesar de todas las ocupaciones, papá y mamá siempre me hacían sentir importante, la mimada de la casa.

Cuando me acercaba a la adolescencia mi mamá empezó a dedicarme más tiempo. Mi padre quería saber siempre quien era mi novio; los conoció a todos. Los invitaba a los paseos familiares para conocerlos mejor. Fue una etapa en la que mamá nos enseñó a cocinar, a tejer, a guisar, a realizar todos los quehaceres del hogar con excelencia. Cuando cumplí 20 años de edad, mi padre me decía: «Búscate un novio». No era mi prioridad; tenía mi cabeza en otros asuntos.

Cuando estudié cosmetología mi padre me ayudó a montar mi propio salón de belleza, tenía tantas clientas que me tocaba cerrar temprano y quedarme encerrada con las últimas clientas. Así permanecí por seis años. Me casé a los 24 años de edad y cuando cumplí 30 años, cerré el negocio para dedicarme a mi bebé. En aquella misma época emprendimos el viaje a los EE. UU.

Fue muy complicado. Pasamos la frontera atravesando el desierto. El proceso tardó 30 días. Vine a Texas y llegué hasta Tijuana. Completé 25 días sin comunicarme con nadie; ese día llamé a mi tía: «Dile a mamá que la amo. Insístele que no crea nada de lo que le digan de mí hasta que no la llame personalmente». Mamá se puso muy mal por no recibir noticias mías. Todo iba bien, hasta que la migra me detuvo en Tijuana.

«Tú eres de Honduras; te vamos a deportar», me dijo el oficial. Le insistí que era mexicana. Me pidió que cantara el Himno Nacional. ¿Puedes creer que lo olvidé? Los nervios traicionaron mi memoria. Insistí que había nacido en el Estado de México. «¿Cómo te comes el nixtamal?» preguntó. «En pozole o en tortilla». «Qué es un metrapil?» siguió preguntando. «Es una piedra en que se muele masa». Sonrió; pero volvió a insistir: «Si no cantas el Himno Nacional te vamos a deportar?». Por fortuna me volvió la memoria.

Llegué a los EE. UU en compañía de mis tíos, el día del atentado en las Torres Gemelas. Tuve la oportunidad de trabajar en México en un periódico como jefa de publicidad. También, cubriendo la nota roja, es decir, acontecimientos relacionados con violencia física, accidentes y desastres; aunque no continué mucho tiempo en esta labor. Cuando llegué a California encontré trabajo en un periódico. Mamá, muy contenta, expreso: «¡Qué felicidad! Lograste trabajar en un periódico, en lo que te gusta». Le respondí: «Sí, mamá, pero no cubro notas periodísticas, ¡ahora empaco el periódico para la venta!». Apenas estuve seis meses en este trabajo.

Mis tíos me conseguían vacantes para lavar trastes y limpiar baños. Aunque acepté ir a trabajar en limpieza, no estaba contenta con ello. Luego, conseguí trabajo en ventas en la empresa de alimentos Food. ¡En una semana vendía una tonelada! Aunque me empezó a ir muy bien tuve que abandonarlo: Un supervisor insistía en llevarme en su automóvil; era evidente que sus intenciones no eran buenas, así que no soporté más el acoso.

Trabajaba duro para poder ahorrar dinero y no me importaba trabajar horas extras; ese fue el motivo de mi divorcio. Él me decía: «Eres muy ambiciosa». No podía demorar en el trabajo porque empezaba con escenas de celos. Cierto día me puse mal y tuve que ir al hospital. Cuando regresé a casa, el me jaló, preguntando con violencia «¿de dónde vienes?». Le respondí: «Esto no te lo voy a perdonar». Después de una fuerte discusión, nos separamos. Me quedé sola con mis niños durante tres años. En medio de la crisis, mi mamá me decía: «¡Qué chiste tiene quedarte allí, comiendo y durmiendo, lejos de tu familia!» Tenía razón, pero estaba seguro que podía conseguir algo mejor.

Empecé a vender celulares con mis amigos. Por otras labores de pago fijo ganaba 50 dólares diarios. Ganando por comisión empecé a recibir 250 dólares diarios. La mayoría de personas tiene miedo de ganar por comisión, pero ¡es ahí donde está la gran oportunidad! Pero la dicha termino cuando la empresa de celulares desaparece del mercado. Empezamos un negocio de envío de paquetes a México que no logramos sostener por mucho tiempo. En aquel momento conocimos a Miriam Landin, la mentora que tuvo la iniciativa de invitarnos a escribir este libro, y su esposo Julio.

Empecé a trabajar en una empresa inmobiliaria. Me involucré en una oficina para remodelación de casas. ¡Me corrieron! Cuando la encargada me quitó el puesto de trabajo, le dijo a mi esposo que él podía continuar. Él le respondió: «Somos un equipo; si sale ella, me salgo yo». ¡Era una locura! Los dos sin trabajo, ¿cómo íbamos a sostenernos? Pero esa decisión de mi esposo fue suficiente para demostrarme su lealtad. Miriam se enteró y me dijo: «¡Qué bueno que te corrieron! A ti te va a ir muy bien en Tupperware. Apúntate y yo te enseño a ganar mucho dinero en el negocio». Le hicimos caso. Empezamos en la compañía con un fuerte compromiso, incluso trabajando hasta las 3 a. m. Al principio no fue nada fácil. No teníamos suficiente dinero para completar los pedidos, así que descompletábamos la renta. La necesidad nos hacía trabajar el triple. Sin ventas no había comida, ¡vendíamos o vendíamos! No había más alternativa. Ya vamos a cumplir nueve años viendo resultados extraordinarios. Somos los latinos con mejores resultados en todo Estados Unidos, después de Miriam.

Ahora, cosechamos lo que sembramos durante tanto tiempo con mucho esfuerzo. Empezamos a comprar y vender inmuebles, tenemos el automóvil soñado y nos damos el lujo de viajar a cualquier lugar del mapa. Mi ánimo no es el de presumir lo que tengo, sino de motivarte a creer que tu situación, por más difícil que parezca, puede cambiar si pones tu fe en Dios y haces bien la tarea. ¡Lo que esté en tu mente está en tu mundo!

En 2020 y 2021 me dediqué a conocer todos los Estados de este país. En uno de tantos paseos alquilamos un jet ski (moto acuática). El día anterior había visto un programa de TV sobre tiburones. ¡Pues adivina! Me entró una paranoia incontrolable. Escuché que había tiburones allí, en la Florida. Mi esposo y mi hija estaban disfrutando el recorrido, pero yo estaba petrificada. Era presa del miedo. Todo el tiempo creí que un tiburón nos iba a tumbar del jet ski y nos iba a devorar. ¡Adivina qué pasó! Sí, ¡nos caímos del jet ski! Mi esposo hizo una maniobra, y por conducir a mucha velocidad, la moto acuática se volteó y fuimos a dar al agua. Yo gritaba: «Un tiburón me va a morder». Cuando mi esposo logró subirse al jet ski y retomar el control, estiró su mano para ayudarme a subir, pero el pánico me tenía paralizada. En algún momento entré en razón. «Aquí no hay nada; no he visto un solo tiburón». Respiré profundo y pensé: «Si me va a comer el tiburón, ¡que me coma tranquila!» Apoyé mi pie y me subí al jet ski. Mientras estuve en pánico no podía moverme. Así nos ocurre en la vida. Cuando nos llenamos de temor y dejamos de creer en todo el mundo de posibilidades que tenemos, nos vamos a bloquear. Nadie avanza tullido de miedo. Lo que pensamos es demasiado importante; construye nuestra realidad.

Agradezco a mis padres por toda la formación que me brindaron. Me enseñaron que no tengo por qué hacer lo que otros. La mediocridad siempre tiene compañeros, la excelencia vive en soledad, pero da frutos que valen la pena. La visión empresarial de mi padre y, sobre todo, su capacidad comercial, me sirvió de motivación para tener éxito en lo que hago. Los cuidados y la entrega de mi madre me han servido de base para creer en todo lo que Dios puede hacer conmigo. Recuerda que, si estás en ceros, es hora de doblar tus rodillas, porque lo que Dios empieza siempre lo termina.

Agradezco a mis tres hijos, Marco Millán, Marlen Millán y Sheyla Herrera; y a mi esposo, Alejandro Herrera con quien trabajo de la mano hasta hoy.

ELIA ROSALES

Mi nombre es Elia Rosales. Nací en Tlaxco, Tlaxcala en donde radiqué hasta los veinte años de edad. Emigré a los Estados Unidos junto a uno de mis hermanos. Trabajamos por tres años, y al regresar a nuestro pueblo, no logré adaptarme de nuevo. Entonces, regresé a New York sola. Volví una semana antes del atentado terrorista contra las Torres Gemelas. Aquí conocí a mi esposo; aquí nos casamos y tuvimos dos hermosos hijos y una linda niña. He tenido diferentes trabajos; me gusta ganar mi propio dinero y encontrar nuevas oportunidades. Soy madre, esposa, hija, hermana y amiga. Soy coautora de este libro, "Fenomenales, vuelve a soñar", donde comparto una parte muy importante de mi vida. Sigo persiguiendo sueños y metas, y sé que voy a lograrlas.

Fenomenales, vuelve a soñar

Fenomenales, vuelve a soñar

YO SOY ELIA

Elia Rosales

¿Por qué emigré a los EE. UU.? Muchas personas persiguen un sueño de libertad, quieren salir económicamente adelante, buscan mejorar su condición de vida para ellos y sus familias. Ese no fue mi caso. Atravesé la frontera huyendo de mi hogar. Mi alma no resistía un día más de dolor y humillación; estaba cansada de vivir para alguien más, reprimiendo mis sueños y hasta mi personalidad. Te invito a conocer la cárcel en la que se marchitaba mi alma; pero también, la ruta que tomé para volar hacia mi libertad.

Soy la tercera hija entre once hermanos. No fui la única que sufrió. Quizá la peor parte la llevaron cuatro de mis hermanos. El mayor de ellos fue enviado a la escuela, pero tenía serios problemas de comunicación. Los maestros no entendían lo que trataba de decirles y sus compañeros se burlaron de él todo el tiempo. Mis padres no movieron un dedo para buscar un diagnóstico médico. Ellos no saben hablar bien, mi padre nunca los dejó ser ellos. La única solución que encontraron fue mantenerlo oculto, junto con otros tres hermanos que nacieron con la misma condición. Algún día los llevaron a un curandero, un supersticioso que lo único que logró fue ganarse el dinero de la consulta.

Recuerdo que mi padre los picaba con una aguja como método de castigo. También tuve que sufrir la misma tortura. El único con privilegios fue mi hermano Raymundo, era el quinto hermano de los varones. Era el consentido de mi padre. Lo enviaron a la escuela con todo lo necesario. Por mi parte, empecé mis labores domésticas a la edad de ocho años. Sin embargo, tuve el coraje de pedir que me autorizaran ir a la escuela.

Buscando conquistar el corazón de mis padres, me empeñe en obtener las mejores calificaciones. Fui seleccionada para estar en el cuadro de honor como la mejor estudiante. ¿Cuál fue el resultado? Reclamos, porque mi padre se molestó por el sobregasto que tenía que hacer en el uniforme escolar.

Sin embargo, no desfallecí. Quería demostrar mi anhelo de superación, así que participé en atletismo, con tan buen resultado que gané, representando al colegio en mi ciudad. Estaba lista para competir en el certamen regional; lo único que necesitaba era los permisos de mi padre y la ayuda económica para viajar. ¿Adivina qué ocurrió? Evitaron que participara.

Mi padre solo me dejo terminar la primaria, no quería que siguiera estudiando, decía que no me iba a pagar una carrera universitaria, porque a los 15 años ya iba a estar casada y con hijos. Allí murieron mis sueños de ser médico, secretaria bilingüe o guía turística.

A la edad de trece años empecé a trabajar, desde las 8 a. m. hasta las 6:30 p. m. No tenía derecho de tener amigos ni de asistir a ningún tipo de reuniones. Mi única ruta era de la casa al trabajo y del trabajo a la casa. Si piensas que mi consuelo llegaba el día del pago, te equivocas, mi sueldo de trabajo era para contribuir a los gastos del hogar.

Cuando iba a cumplir 16 años de edad me enamoré por primera vez. Fue una relación corta, de apenas cuatro meses, él me dedicaba poemas y canciones, me inspiraba.

Para entonces trabajaba con dos amigas en la misma fábrica. Cierto día, ellas llevaron cerveza. Me moría del miedo de atreverme a beber, mucho menos en horario laboral, así que compré una soda para mí. El supervisor se enteró del hecho y nos señalaron a las tres, sacándonos de inmediato del trabajo. Por miedo a verle el rostro a mi padre, me subí al autobús sin rumbo fijo. El recorrido fue tan largo que me quedé dormida. ¡Ya imaginarás qué ocurrió! Mi padre, ofendido, fue a buscarme a la casa de mi novio, pensando que me había escapado con él. Cuando por fin regresé a casa, mi padre no me dejó volver a salir a la calle, hasta tiempo después.

Un primo emigró a los EE. UU. Ya que teníamos quién podía recibirnos, viajé junto con mi hermano. En lo que menos pensaba era en hacer dinero; solo quería escapar de mi casa.

Empecé a trabajar en una lavandería. A pesar de todo el rencor que guardaba en mi corazón por los maltratos en casa, seguí enviándoles ayuda económica. Aunque apenas recibí educación hasta el sexto grado, y por el trabajo, puedo sostener un diálogo en inglés sin problemas.

Luego, trabajé en una fábrica de costura. A ese lugar tenía que llevar los implementos de trabajo; para empezar, mi prima me ayudó comprándolos. Las dueñas del negocio eran unas coreanas. Me dijeron: «Esta es tu máquina; arréglala para trabajar», y me aventaron un trozo de tela. Puse tanto empeño en mi labor que me convertí en la consentida. Un tiempo después, regresé a México con mi hermano. Pero mi vida ya no era igual; en poco tiempo retorné sola a los EE. UU. Llegué ocho días antes de la caída de las Torres Gemelas. Volví a la fábrica de coreanas. La economía entró en recesión y la empresa no pudo volver a exportar. En diciembre nos mandaron a descansar dos semanas. El trabajo había disminuido demasiado.

Esa primera semana, fui a la lavandería. El encargado, que era coreano, me preguntó: «¿Quieres trabajar conmigo? Mi esposa notó que haces muy bien tu trabajo, eres cuidadosa; a ella le interesa que nos ayudes». La idea no me disgustó. No pagaría transporte porque vivía cerca. Allí trabajé, hasta que me quedé embarazada. Conocí a mi esposo en los EE. UU. Era muy amigo de mi hermano. Completamos 22 años viviendo juntos.

Tenemos tres hijos, de 19, 18 y 16 años de edad, nacidos en los EE. UU. Sé lo difícil que es anhelar superarse y no recibir el apoyo de tus padres. Así que me encargué de darles todo el respaldo que mis hijos necesitaban. Mi hijo mayor estudia programación de computadoras en la universidad y trabaja como supervisor en oficina; el segundo estudia mercadotecnia en la universidad, y es muy bueno vendiendo productos a través de Instagram en una tienda virtual; y mi hija cursa onceavo grado, trabaja en un restaurante de comida hindú. Siempre los estoy aconsejando. Cuando van a salir con sus amigos los fines de semana, siempre avisan con tiempo, indicando dónde y con quiénes van a compartir; no fuman, no se embriagan y tienen amistades con sanas costumbres. Nunca permito que tomen los alimentos en sus habitaciones; siempre estamos juntos en la misma mesa. Es un tiempo muy importante para mí. Generalmente me quedo callada, escuchando lo que se cuentan el uno al otro sobre el estudio o el trabajo. Así me mantengo informada y luego hablo con cada uno para guiarlos. No puedo entender por qué algunos padres mandan a sus hijos a comer en sus habitaciones, perdiendo un tiempo tan valioso para escucharlos y conocerlos.

Les enseño que no se dejen intimidar por sus compañeros de estudio o trabajo. Les digo: «Si los llamo y tienen compañía, contesten el teléfono. No importa que piensen que los estoy supervisando. Me gusta estar atenta de todo lo que ocurra. Los llamo para que sepan que los amo». Siempre queremos estar velando por nuestros hijos, aunque hacerlo todo el tiempo sea imposible.

Un día, una vecina me dijo: «Acabo de venir de la escuela. ¡Vi que estaban golpeando a tu hijo!» Salí corriendo. Cuando pedí razones en la escuela, completé una hora sin recibir respuestas. Mi hijo estaba en enfermería, recibiendo curación de las heridas. Le dije al director: «Si no me entregan a mi hijo ahora mismo llamaré a la policía». Cuando empezaron a alegar que mi hijo había sido responsable, exigí que me mostraran la grabación de las cámaras de seguridad. En efecto, todo quedó registrado en video.

Mi hijo estaba en la cafetería cuando otro niño se acercó. Empezó a decirle cosas con ademanes agresivos, pero se alejó al ver que mi hijo lo ignoró todo el tiempo. El niño regresó, y después de que repitió sus expresiones, agarró a mi hijo con una mano y con la otra comenzó a darle puñetazos. Aquel niño fue sancionado; durante dos meses no pudo regresar a clases. En el hospital me dijeron que, si ese niño volvía a agredir a mi hijo, ellos mismos gestionarían una sanción más drástica.

Actualmente desarrollo un emprendimiento en Tupperware, cuido un bebé y hago lavadas a domicilio. No tengo un patrón que supervise mis horarios. El salario me lo pongo yo. Puse todo mi empeño y logré ser manager; luego directora; después, directora estrella. Una de mis motivaciones para ser directora estrella era vivir algo que no logré por cuenta de mis estudios: recibir un reconocimiento, con ceremonia incluida. Para mi descontento, cuando logré asumir ese cargo, la empresa ya no hacía la ceremonia de reconocimiento. Me quedé con la satisfacción de establecer una meta y cumplirla.

No permito que el pasado familiar que tanto me marcó se convirtiera en un molde para mis hijos. Vivir todo ese dolor me hizo más consciente de la influencia que tengo como madre sobre ellos. Mis hermanos, que siguen bajo su custodia a pesar de la edad, siempre reciben mis llamadas cada año, para saber cómo se encuentran. Aunque sufrí encerrada en la casa del maltrato, pude volar hacia la libertad para conformar un hogar, que es ahora mi remanso de paz. No te quejes de tu condición actual; con la ayuda de Dios tú también puedes construir el hogar de tus sueños.

Fenomenales, vuelve a soñar

LAURA ACEVES

Nací en Guadalajara y radico en el estado de Minnesota, Estados Unidos.

Soy líder de una reconocida empresa que vende productos para cocina hace más de ocho años. Mi hobby favorito es cocinar; me gustan las ventas y me encanta viajar. Mis colores favoritos son el rosa y el morado. Soy madre de cuatro hijos; dos mujeres y dos hombres.

Soy una persona emprendedora. Lucho día a día para alcanzar mis metas; me apasiona esforzarme y nunca rendirme. Disfruto aprender cosas nuevas para facilitar el trayecto de mi vida. Me entusiasman los nuevos retos; mi meta es conocer el mundo entero y gozar siempre de buena salud.

Facebook: Laura Aceves Flores

Tiktok: @laura_flores268

Fenomenales, vuelve a soñar

Fenomenales, vuelve a soñar

CRUZANDO FRONTERAS, UNIENDO FAMILIAS

Laura Aceves

D ejé a mis hijos en México para venir a los EE. UU. Suena fácil, pero es un dolor que todavía llevo en el alma. ¿Cómo trabajar por tus hijos sin poder disfrutar de su presencia? Era un sin sentido que me agobiaba el corazón. Muchas personas viven hoy esta penosa situación, sufriendo en soledad, lejos de sus seres queridos. Para ellos escribí esta historia, para recordarles que no todo está perdido. Mientras el corazón de ellos y el tuyo siga latiendo, todavía hay un reencuentro pendiente. ¡No pierdas el aliento!

Mi vida en México era un infierno. Era madre de dos pequeños: mi hijo, de apenas un año y cuatro meses, y mi pequeña, de 9 años de edad. Ellos eran mi alegría, pero mi expareja opacaba mi felicidad. Tenía una tienda de ropa, pero mis deudas crecieron hasta hacerse impagables. Sumado a esto, no pude volver a abrir el negocio; él aparecía para insultarme, incluso delante de mis clientes. Lo conocí cuando ya tenía a mi niña. Cuando le brindé toda mi confianza, convirtió nuestra relación en un martirio. «¡Estás gorda, estás fea, no sirves para nada! ¿Quién va a estar contigo teniendo una hija?». Todo esto me lastimaba el alma.

Sus insultos y amenazas me sumieron en una crisis aguda y en una profunda depresión. Tuve mi segundo hijo, Saul, y empeoró la situación con mi expareja. No aportaba dinero; lo sostuve por largo tiempo y aún así se atrevía a decir que yo era la villana. Pero un día rebosó la copa: Amenazó con hacerle daño a mis hijos. Cerré mi negocio y nos mudamos a otro Estado donde vivía una hermana. A ella le gustaba viajar, así que me encargó su negocio. Esto me sirvió de terapia para salir de la depresión, pero las deudas me seguían ahogando. Mi niño demandaba pañales y leche; tenía muchas tarjetas de crédito con el cupo lleno.

Conociendo mi situación, mi hermano me propuso viajar a los EE. UU. Me dijo cuánto ganaba él. Hicimos cuentas; me convenció. Nunca me había despegado de mis hijos. Siempre trabajé en casa. Estaba con ellos 24 horas de los 7 días de la semana. Dejé a mis hijos y mi corazón se quedó con ellos. Quedaron bajo el cuidado de mi hermana.

Pasar la frontera es muy difícil, además de los altos costos. Llegué con la tonta ilusión de "recoger dinero con la escoba", pero la realidad era otra. Tardé tres semanas en conseguir trabajo en un negocio de comidas rápidas. Todo el dinero lo enviaba para sostener a mis hijos y pagar deudas; me quedaba con lo básico para subsistir. Mi plan era ahorrar durante dos años para regresar con mis hijos, pero el dinero no alcanzaba.

Evitando una mala convivencia me fui a vivir sola en un cuarto. Recuerdo que trabajé un 31 de diciembre. ¿Para qué regresar a la habitación si nadie me esperaba? Cuando salimos de trabajar, mi compañera de trabajo me dijo: «Ven a mi casa, pasamos un rato con mis amigos». En ese encuentro conocí a mi actual esposo. Le conté sobre mis hijos, que estaba arrepentida de haberlos dejado. Él me dio ánimo.

Empezamos a convivir después de seis meses de conocernos. Él me motivaba diciendo que volvería a ver a mis hijos. Los extrañaba, me dolía estar lejos de ellos. No tuve un día de descanso. Pero yo lo único que quería era hacer dinero para regresar con ellos. Cada día la espera se hacía más larga.

Dos años después, tuvimos a nuestra primera hija, Vanesa. Tenía sentimientos encontrados. Por un lado, la felicidad de tener a mi hija; por el otro, la desazón de provocar que mis hijos se sintieran desplazados. ¿Cómo iba a explicarles que tenía otra relación y que, además, tenían otra hermanita? Me daba vergüenza contarles que estaba en embarazo. No sé de dónde saqué coraje para contarles. Como lo esperaba, se enojaron, sintiéndose desplazados. La niña decía que yo los había abandonado, que ellos no me importaban. ¿Cuánto hubiese deseado que ella pudiera ver en mi interior? Mi tía, que tenía su custodia, también se mostró resentida.

Le suplicaba a Dios que me diera la oportunidad de verlos de nuevo. Ahora tenía un marido y una hija que también me demandaban tiempo. Peleaba con mi esposo porque él no quería irse y yo quería marcharme de inmediato. Irme significaba separar a mi hija de su papá. Pero estaba resuelta. No quería que mis hijos siguieran creciendo sin su madre. Le dije a mi esposo: «Tu hija puede venir a verte». La suerte estaba echada. Empecé a ahorrar para regresar por mis hijos. Pero los planes de Dios eran otros.

Para entonces, yo trabajaba en Tupperware. Estaba preparándome para hacer una presentación. Mi esposo salió a revisar el automóvil. Al poco tiempo, escuché un golpe fuerte en la ventana. Era mi esposo, pidiendo ayuda. Se desvaneció sobre la acera. Salimos corriendo. Estaba en compañía de una cliente y de su hermano. Lo vi tirado en el suelo, con el rostro cubierto de sangre. ¡Pensé lo peor! Creí que la camioneta se había rodado y le había pasado por encima. Mi cliente me sacó del letargo: «¡Llama a la policía!» Por fin, mi esposo pudo expresar: «Me acaban de robar; alguien me golpeó en la cabeza». El hijo de mi cliente había salido a comprar algo. Dijo que había visto a un hombre llevando un bloque de cemento en la mano, con una actitud sospechosa. Estaba esperando que no hubiera testigos para atacar a mi esposo. Le hirió una ceja y la boca.

Llevamos a mi esposo al hospital; recibió atención médica. Estuvo cerca de un mes sin regresar a su trabajo. Después de su recuperación, supimos que este suceso podía facilitar las cosas para conseguir la visa de residente. Nos aconsejaron recibir asesoría de un abogado. ¡Era la gran oportunidad! Siendo ciudadanos americanos podíamos traer a nuestros hijos sin ningún impedimento. Esto ocurrió en 2015. Le dije a mis hijos que estábamos gestionando documentación para traerlos conmigo, ¡pero el proceso tardó siete años! Ellos me decían: «No es problema de documentos, simplemente no quieres que vayamos». La espera fue muy dolorosa.

Además de la separación de mis hijos, hubo otro suceso que me marcó: Mi padre falleció y no pude despedirlo. Fue un golpe muy duro. Murió solo. Lo encontraron en casa ocho días después de su muerte. El vecino llamó a la policía por el olor. Iba a viajar, pero mi prima me hizo entrar en razón: «Para qué viajas; tu visita no lo va a revivir».

En el proceso de esperar los documentos, mi hija cumplió 18 años de edad. Empezó una relación con un hombre muy violento. Tenía miedo de perder a mi hija después de una golpiza. ¡Otro motivo más para regresar! No sabía cómo ayudarla en lejanía. Algunos me decían que no le enviara dinero, que estaba patrocinando una vida ociosa. Los echaron a la calle por incumplir los pagos del alquiler y por los desmanes del hombre contra mi hija. Dejé de girarles dinero para que aprendieran la lección.

Ese mismo año quedé nuevamente en embarazo. Me dio preclamsia. Me irritaba con facilidad. Fue un proceso muy difícil. Problemas aquí y allá. Mi hija reclamaba que yo la había abandonado, que si yo realmente la amaba nunca la habría dejado. Escucharla con todo su rencor, cayendo más bajo, teniendo malas compañías, me llenaba de miedo. Temía escuchar algún día que a mi hija la habían matado.

Dios escuchó mis oraciones. Una tía de su pareja, una señora muy apegada a Dios y a la iglesia, los recibió en su casa. La tía se interponía cuando su pareja se mostraba violento. El tipo era déspota; nadie lo quería en su familia. Su tía lo recibió por misericordia; sin embargo, no pasó mucho tiempo cuando tuvo que echarlos de su casa. Le dijo a mi hija: «Si quieres seguir viviendo en estas condiciones, vete con él, pero los niños se quedan conmigo». Con la ayuda de la policía corrió de su casa al tipo, pero mi hija decidió quedarse. Así, esta mujer, llena del amor divino, cuidó de mi hija y de sus niños. Llevó a mi hija a su iglesia. Regresó a casa con deseos de cambiar. Cuando me contó cómo se había sentido en la iglesia, le dije: «Pídele a Dios que cambie tu forma de pensar; es el único que puede ayudarte a salir de la oscuridad». Cuando tuve la oportunidad de hablar con esta señora, me decía: «Vamos a orar para que tu hija se vaya, junto con sus hijos, a los EE. UU., y puedan estar juntos de nuevo».

No fue fácil. Cuando a mi hija por fin recibió la visa, argumentaba que ella quería ser feliz y yo se lo estaba impidiendo. Sin embargo, también tenía momentos de lucidez, en los que me pedía ayuda para salir de su situación.

Después de catorce años pude reunirme con mis hijos. Llegaron en agosto de 2022. Admito que nunca podré recuperar el tiempo perdido, pero siento una profunda alegría al tenerlos cerca. Apenas estamos conociéndonos. Pasamos navidad juntos y me siento satisfecha de ver a la familia junta. Estamos en un proceso de adaptación. Platicamos largas horas, los abrazo y trato de darles todo lo que necesitan. Mi hija ahora estudia inglés. Dejó su rebeldía y ansiedad; trabaja con su tía, recibiendo pagos en efectivo. Mi hijo es ya un adolescente, está estudiando en la escuela; me obedece y cada vez somos más cercanos.

A la tía del exesposo de mi hija le realizaban diálisis. Fue como un ángel que llegó justo en el momento preciso. Pocos meses después de que mi hija llegara a los EE. UU., la señora falleció. Me dolió mucho su partida. Todavía recuerdo sus palabras: «Sus hijos van a estar con usted; Dios se encargará de hacerlo». Su presencia llegó en el momento oportuno como un instrumento divino para cumplir sus propósitos.

Después de leer mi historia espero que el mensaje sea claro: No te detengas hasta no lograr lo que quieres. Todo lo que vale la pena tiene un alto costo. La entrada al camino del éxito tiene taquilla y es costosa. Sin importar qué tan oscura sea la noche, siempre amanece. Aunque te sientas sumido en las tinieblas, hay una luz al final del túnel. Ten paciencia, ya llegará lo que esperas. Súmate a la actitud del sembrador: Pone la preciosa semilla bajo tierra, sin ver ningún resultado. Pero no se queda pasivo esperando resultados; cada día riega la tierra y la abona para ver el fruto. Nadie sembró y comió del producto el mismo día. Ten paciencia y trabaja en tus frutos sabiendo que los tiempos cambian. Tu invierno se convertirá en primavera, y en poco tus campos florecerán. No dejes pasar las oportunidades, porque siempre que persigas algo, encontrarás las respuestas cuando menos lo imaginas. Dobla tus rodillas, porque, aunque uno es el que siembra y otro el que riega, es Dios quien da el crecimiento.

Fenomenales, vuelve a soñar

LAURA VIDALES HERNÁNDEZ

Nació en Aguascalientes, México y fue criada en los Estados Unidos por su madre, Laura Hernández Díaz, y su padre, Cecilio Vidales García. Es la mayor de sus tres hermanas, Melany, Libi Cecilia y Eva Dyani Vidales Hernández.

Como una graduada de honores de la preparatoria Springlake-Earth, Laura descubrió su pasión por la administración y gestión de proyectos, lo que la inspiró a estudiar la carrera de administración de empresas con especialidad en emprendimiento en California, donde actualmente reside.

Laura está trabajando en obtener su certificación como agente de bienes raíces, aprovechando su agudo sentido del diseño y su deseo de ayudar a los demás a lograr sus sueños. Su objetivo es establecer un negocio en el que pueda asistir a las personas en la creación y adquisición de sus hogares de ensueño.

Como mexicana-americana de primera generación, Laura se esfuerza por ser un excelente modelo a seguir para su familia y otros latinos. Su participación en el libro "Fenomenales" refleja su enfoque en motivar a las personas a perseguir sus aspiraciones profesionales, incluso ante desafíos significativos como el estatus migratorio.

Linktree: linktr.ee/lauravhernandez

Laura Vidales Hernández

Fenomenales, vuelve a soñar

PORQUE SOY MUJER

Laura Vidales Hernández

Miré el rostro de mi madre, la preocupación cubría todos sus rasgos, mientras que el de mi padre tenía un dejo de tristeza. Mi siguiente frase rompió el silencio que mantenía unida mi alma: "Papá, el oficial dijo que debes dejar las llaves del auto aquí, así como todas tus pertenencias importantes". Me aseguré de no llorar, ¿cómo podría? Mis hermanas estaban detrás de mí y, como la mayor, tenía que ser fuerte. Tuve que decirle a mi papá que lo iban a detener sin mostrar ninguna emoción.

Uno de los momentos más duros de mi vida sucedió cuando tenía once años. No podía imaginarme tener a mi hermana menor, que ahora tiene diez años, pasando por lo mismo, arruinando su inocencia de este mundo cruel. La imagen de ver a mi papá siendo esposado por un oficial, vivirá conmigo para siempre. Todo por la simple razón de que era extranjero, cuando ni una sola fibra de su cuerpo amenazaba a nadie, me impactó. Lo detuvieron no por exceso de velocidad, sino porque como ser humano, se olvidó de verificar si todas las luces de nuestro vehículo familiar estaban funcionando.

Fue entonces cuando me di cuenta de que mi papel en esta vida iba a ser un desafío. También fue en ese momento cuando me di cuenta de cuánta fortaleza tenemos las mujeres. Mi madre se convirtió en mi heroína. Nunca faltó comida en nuestra mesa, ni una sola vez vi llorar a mi mamá. No porque no estuviera triste, en verdad su dolor traspasaba su sonrisa. Su voluntad de ser el pilar de nuestra familia era más grande que sus sentimientos. Su perseverancia fue un ejemplo que me ha seguido hasta donde estoy hoy. Desde los once, quince y dieciocho años, hasta la edad que tengo hoy, veintidós.

Mis años de adolescencia son un período de mi vida del que siempre evito hablar, sin embargo, fue en esos años cuando me moldeé en la persona que soy hoy. Moldeada por la vida, las dificultades y la realización de que quería más en la vida. Había aprendido la verdad decepcionante de que la mayoría de las personas nacidas como yo: mexicanas y mujeres teníamos al menos dos roles en su vida: ser esposa y madre. Al menos así lo veía yo cuando tenía quince años, me crié en una cultura en la que tenías que prepararle un plato a tu esposo ya sea en casa o en una reunión y necesitabas despertarte a las cinco de la mañana para empacar su almuerzo. Si no, te consideraban poco cariñoso y holgazán, nunca tuve problema en tener que cocinar o limpiar. Sin embargo, aprendí que quería más, soñaba con una carrera y aspiraba a convertirme en el chef de mi éxito. Mientras lo pienso ahora, no puedo creer que fue en esos momentos de dolor que encontré a la persona en la que quería convertirme, encontré un atisbo de mi fuerza en el armario donde me escondía a llorar. Se me confió el cuidado de mis tres hermanas menores y con esa responsabilidad, no tenía tiempo para ser vulnerable. Sin embargo, fue en esos momentos en que sentí que me ahogaba, decidí forjar el camino fuera de la caja que la vida y que la sociedad habían hecho para mí mucho antes de que yo naciera.

Fue en mi intento de romper las cadenas que mi cultura ató a mi alrededor, que decidí hacer todo lo que una mujer normalmente no haría. Es por eso que en la escuela secundaria, en lugar de tomar cursos dominados por mujeres como desarrollo infantil, decidí tomar taller de carpintería y taller de metal, donde me probé a mí misma que las mujeres pueden hacer todo lo que un hombre puede hacer y, a veces, incluso mejor. Fue uno de mis momentos personales de mayor orgullo cuando llevé a casa una nueva tabla de cortar que me tomó dos semanas hacer. Todos los días de esas dos semanas me aseguraría de vestirme apropiadamente para la escuela con jeans largos que no tuvieran sentido del estilo con zapatos que me protegieran los dedos de los pies en caso de que ocurriera un accidente.

Entraba en clase lista para recogerme el pelo y ponerme las gafas que hacían parecer que estaba a punto de conducir hacia el mar. Fue muy emocionante entrar a clase y ver todas las diferentes máquinas que había aprendido a usar. No solo me uní a todas las clases predominantemente masculinas, sino que también intensifiqué todos mis estudios.

Mientras crecía, mis padres siempre me dijeron que "la educación era la clave del éxito", si había algo que podía hacer, era desarrollar mi conocimiento. Eso fue exactamente lo que hice, me uní a la banda de mi escuela y me convertí en el líder de mi sección, me convertí en presidente del consejo estudiantil de mi escuela y vicepresidente de la Sociedad Nacional de Honor, que era solo para los estudiantes con las mejores calificaciones. Sin embargo, incluso después de todo mi éxito en la escuela todavía había una parte de mí que aún no estaba satisfecha. Tenía tristeza pegada a mi alma por la exigencia que tenía en casa por ser la hija mayor, me estaba convirtiendo en una persona que no reconocía, conmigo misma y con todos los que me rodeaban. Estaba tan estresada por ser la hija perfecta, la hermana ejemplar y la estudiante asombrosa que me estaba derrumbando bajo la presión. Sentí que me hundía en el barco que había creado para mí.

Fue durante mi último año en casa cuando finalmente aprendí a nadar en el agua que me rodeaba. Sin embargo, todavía me sentía dudosa acerca de si me había convertido en suficiente "¿Será este el momento más exitoso de mi vida, o habrá más?" Me pregunté mientras estaba parada en el podio, mirando hacia el auditorio lleno de gente, apenas capaz de ver la cara de nadie. Había practicado este mismo momento el día anterior, por lo que me recordé a mí misma que solo debía concentrarme en la primera fila. Sin embargo, fue durante mi discurso que comencé a sentirme triste porque no podía ver los rostros de las personas más importantes para mí, mi familia. Incluso había escrito un segmento en español dedicado solo a mis padres, quería que supieran que fue su amor y apoyo incondicional lo que me llevó al escenario para dar un discurso el día de mi graduación. Había practicado dar mi discurso varias veces mientras estaba sola para asegurarme de que sonaba tan poderoso y elegante como yo, una mujer, podía sonar, una mujer mexicana. Quería presumir egoístamente ante mi pequeño pueblo de Texas de que yo, una mujer inmigrante, estaba parada frente a ellos dando un discurso en español en un día tan especial. No fue hasta después de la ceremonia que me di cuenta de que mis palabras habían causado un gran impacto, no solo para mí y mi familia, sino para varias personas de mi comunidad.

Tres días después de mi graduación a la edad de dieciocho años, dejé mi pequeño pueblo donde sabía que no podía llegar a ser nada. Había tomado la decisión final de irme seis meses antes de graduarme, quería irme lejos de la gente, el pueblo, la escuela y la presión de mi familia. Mi decisión los lastimó, lo sé, pero sabía que si quería ser alguien tenía que salir de la pecera que se estaba haciendo más pequeña. Estaba cansada de ser alguien a quien todos querían que fuera, era como si la persona en la que me había convertido fuera hecha de la imaginación de todos los demás. Les había dicho a mis padres que me iría cuando comenzó mi último año y, al principio, creó una brecha entre mi madre y yo. Ahora entiendo que ella sintió que la estaba dejando sola, con la misma presión que yo sentía. En ese momento y hasta ahora nunca le dije realmente que me fui no por quién tenía que ser en ese hogar sino por todo lo que quería ser para todos en mi hogar.

Me estaba costando mucho tomar una decisión, sobre todo cuando sentía que no contaba con el apoyo de mis padres. Durante ese tiempo comencé a odiar todo lo que me rodeaba. Empecé a llenar mi cabeza con pensamientos tan negativos que hasta el día de hoy me persiguen. Eventualmente, con el paso del tiempo, mi familia y yo sentimos que tal vez lo correcto para mí era irme y conducir tres estados hasta el Estado Dorado.

¡Se estaba ahogando y no podía salvarla! Gritaba pidiendo ayuda y yo no tenía el poder para hacer nada. Había rescatado a dos de mis tres hermanas, pero había fallado. Eran las dos de la mañana, y me desperté llorando por la tercera noche en un papel, había soñado que algo les pasaba a mis hermanas y no las protegí. La culpa que sentía por dejar a mi familia me estaba destrozando, ¿Había hecho lo incorrecto al elegirme a mí misma y buscar un futuro mejor? Finalmente había conseguido lo que quería, o eso pensaba. Mis primeros años lejos de mi familia fueron difíciles. Me dolía el corazón y la culpa me consumía por dentro tanto que empecé a recibir terapia. Al principio, me daba vergüenza hablar de ello, sin embargo, había aprendido que era algo necesario para mi bienestar. La terapia llegó a mi vida como algo positivo, era una buena distracción para tener. Luego vino mi trabajo, el trabajo que me ha abierto muchas puertas. Me convertí en asistente de una pareja que tenía varios negocios. Me gustaría pensar que vieron en mí un potencial que ni siquiera yo reconocía, era mi primer trabajo y había trabajado lo suficiente como para convertirme en el gerente de un negocio con tantos campos diferentes.

Finalmente estaba haciendo algo que quería hacer, y era para mí. Estaba tan orgullosa de lo que había logrado en los dos años que trabajé antes de mi ascenso. Me había asegurado de aprender todo lo necesario para eventualmente abrirme camino, les estaba mostrando a todos a mi alrededor todo lo que yo, una joven latina, podía hacer. Al principio me sentía muy desplazada en mi puesto porque recibiría muchos comentarios sobre mi edad. Mis colegas que estaban en varios campos comerciales dudaban constantemente de mí, debido a mi edad, sin embargo, con el paso del tiempo aprendí que era por la incertidumbre que la gente tiene en las mujeres, especialmente en las jóvenes. Sin embargo, eso no me ha detenido, me ha impulsado más. Es por mis experiencias y las duras lecciones que la vida me ha dado que decidí que era hora de que alguien de mi edad con mis antecedentes contara su historia de cuán empoderador puede ser salir de la caja que la sociedad y la cultura han creado para nosotras, las mujeres. Quiero que todas las mujeres lean mi historia y se den cuenta de que habrá momentos en la vida en los que tendrán que ponerse como prioridad, y que la vida e incluso la familia tienen una manera de impedir que desarrollemos todo nuestro potencial. Dios nos ha dado la capacidad de ser apasionadas, poderosas, diligentes e innovadoras, razón por la cual somos fenomenales.

Dedicatorias:

Este capítulo está dedicado a mi amada familia, quienes han sido mi mayor fortaleza e inspiración.

A mis padres, Laura Díaz Hernández y Cecilio Vidales García, por su guía y apoyo. Mi mamá me ha enseñado que nuestros únicos obstáculos son nuestras limitaciones autoimpuestas, mientras que mi papá ha sido una inspiración con su compromiso inquebrantable con nuestro bienestar y felicidad.

Melany, Libi y Eva Vidales Hernandez, amadas hermanas quienes son mi mundo y amo profundamente. Me esfuerzo por ser un buen ejemplo para ellas cada día.

A mi abuela, María del Carmen Díaz Morales, me ha inspirado para convertirme en una mujer fuerte e independiente. Su fe inquebrantable en mí ha sido una fuerza impulsora en mi vida.

Expresiones de gratitud:

Jeannette Beltrán Rubio y familia, les agradezco por acogerme como parte de su familia y brindarme su amor y cuidado a lo largo de mi vida.

A Perla Yadira Martínez, gracias por inspirarme a creer en mi capacidad como mujer mexicana. Sus sabios consejos han moldeado mi mente de manera profunda.

Gracias a Rigoberto Sánchez López por su constante ayuda, motivación y paciencia. Eres realmente una gran persona que me ha enseñado a ver el mundo de una manera nueva.

LUPITA PEREZ

Nació en Queretaro, México y radicó en Meryland, Estados Unidos. Emigró con su hija Diana cuando ella tenía seis años y atravesó la frontera embarazada de gemelos. Ama profundamente a sus cuatro hijos; son el motor que la impulsa a seguir soñando.

El compromiso y el amor de Lupita Pérez es empoderar a los demás. Siendo un ejemplo primero para su familia y sus seres queridos. Su pasión es proveer una base sólida y estable para su familia y las comunidades a las cuales sirve gracias a la misión de poder ayudar a tener un estilo de vida mejor en la compañía Itworks.

Lupita Pérez tomó la decisión de compartir esta historia dándose la oportunidad de empoderamiento como persona y como su propio legado de amor y resiliencia. Un legado de inspiración para sus hijos y familiares; el legado del alma.

Fenomenales, vuelve a soñar

EL CÁNCER ES SOLO UN CAPÍTULO EN MI VIDA Y NO TODA MI HISTORIA

Lupita Pérez

¡Hola! Me llamo Guadalupe Pérez, soy mexicana, tengo 37 años y soy madre de cuatro hermosos hijos. Quiero compartir mi historia sobre el cáncer, una lucha que enfrenté con valentía y optimismo.

A los 32 años, me diagnosticaron cáncer de mama. Recuerdo que, al escuchar la noticia, lo único que podía pensar era "¡voy a morir!". Mi mente volaba más allá de lo que podía imaginar. Mis hijos eran aún muy pequeños: Emily tenía dos años y medio, mis gemelos cinco años, y Diana, mi hija mayor, tenía 11 años.

Los malos pensamientos me abrumaban: "¡Mi bebé no me recordará si muero! ¡Mis hijos todavía me necesitan! ¿Qué será de mi vida?" Sin embargo, pronto recibí un rayo de esperanza de mi médico. Me dijo: "Sé que tu mente está dominada por pensamientos negativos, pero no te preocupes. Tienes un cáncer de mama un poco agresivo, pero podemos tratarlo. Recibirás 16 quimioterapias y 12 radioterapias, ese será tu tratamiento."

Mi hermana y yo quedamos en shock ante la noticia, pero ella me dijo: "Todo va a estar bien, échale ganas". Al llegar a casa, mi madre me preguntó: "¿Cómo te fue?" y le respondí: "Tengo cáncer de mama". Pero ella, con una sonrisa en el rostro, me dijo: "Dios es tan grande que vas a estar bien, ya lo verás. Recuerda que tu abuelita tuvo cáncer de matriz y ella es una superviviente de cáncer, así que tú también te vas a sanar".

Cuando mi esposo Emilio llegó a casa, noté que estaba ansioso por conocer mis resultados médicos. Él sabía lo importante que era para mí conocer la verdad sobre mi estado de salud, y yo estaba nerviosa por decírselo. Finalmente, reunidos en la sala de estar, me hizo la pregunta que tanto temía: "¿cómo te fue en tus resultados?".

Le respondí con voz entrecortada: "mijo, tengo cáncer de mama". La expresión en su rostro cambió drásticamente, de la expectativa a la tristeza. Volvió a preguntar, incrédulo: "¡¿cómo?! ¿Estás segura?". Con lágrimas en los ojos, le respondí: "los exámenes lo confirman, tengo cáncer de mama". Sé que la noticia no le sentó bien, pero intenté tranquilizarlo diciéndole que lucharíamos juntos, guiados por Dios.

Mis padres también estaban allí, y en ese momento me di cuenta de cuánto me aman. Me dijeron que no estábamos solos, que ellos estarían con nosotros en todo momento. Fue un gran consuelo saber que contaba con su apoyo y amor en este momento tan difícil.

Luego de la noticia, llegó el momento de comenzar con el tratamiento. El jueves siguiente, empecé con el aparato que me pusieron en el cuerpo: el port, una válvula donde me administrarían el medicamento. Fue algo completamente nuevo para mí, y aunque estaba tranquila, no tenía idea de lo que iba a pasar.

El siguiente lunes llegó mi primer día de quimioterapia. A pesar de lo que estaba por venir, fui al hospital como si fuera una normal. Durante la sesión, estuve conectada a la máquina y platicando con mi esposo y mi hermana. Había otros pacientes en la sala y me sentía extraña, veía puras personas ya de la tercera edad y yo era la más joven. Mi hermana me decía: "Mira, ellos que están viejitos están luchando por su vida, así que tú también lo harás de fuerza que Dios está contigo, no estás sola; está tu esposo, hijos y toda tu familia que te apoya."

De repente, me quedé dormida y no recuerdo mucho más de lo que sucedió en esa sesión. Al despertar, me dijeron que ya habíamos terminado y me preparé para irme a casa. Pero mi cuerpo no me respondía, me dolía demasiado y no podía levantarme. Tuve que ser llevada en una silla de ruedas y mi esposo me cargó hasta el auto.

Al llegar a casa, mis hijos me recibieron con amor y preocupación. A pesar de que estaba agotada, les dije que estaba bien, pero que necesitaba dormir un ratito. Ese ratito se convirtió en todo un día, pues cuando desperté, no podía ver nada y me asusté muchísimo. Mi esposo y mi madre intentaban tranquilizarme diciéndome que ellos estaban allí, pero no podía verlos. Fueron 5 días de oscuridad total, y mi cuerpo se sentía como una gelatina que no podía sostenerse en pie.

Mis días fueron muy difíciles, sentí que ya no podía más mis fuerzas se agotaron cada vez más no podía valerme por mí misma, pero nunca dejé de pedirle a Dios que me diera sanación, mis hijos me daban agua y yo trataba de detenerla, pero ni los líquidos podía detener, todo era vomitar. Me quedaba el consuelo que ellos estaban conmigo siempre dándome motivación.

Cuando mi padre llegaba a verme todos los días, sentía que tenía un rayo de luz en mi oscuridad. Pero hubo un día en particular en el que no podía sentarme por mí misma. Mi padre me ayudó a sentarme y, de repente, comencé a vomitar. Ni siquiera podía tolerar la comida ni el agua. Mi padre estaba desesperado, no sabía qué hacer. Así que llamó a mi madre, pero ella no lo escuchaba. Entonces, mi padre decidió bañarme. Yo sentí mucha pena, pero él me insistió que estaría bien. Me bañó, me cambió de ropa, cambió las sábanas de mi cama y dejó todo limpio y fresco para mí. Cuando mi madre entró, ella se sorprendió y preguntó qué había pasado. Mi padre explicó lo que había pasado y cómo había intentado ayudarme a sentirme mejor. A pesar de sentirse arrepentido por ayudar a sentarme, su motivación nunca fue mala; toda su ayuda y su hermosa actitud de servicio lo demostraron.

Durante los cinco días en los que estuve sin poder ver, mi familia vivió muchas cosas. Un día, mi esposo abrazó mis pies y me dijo que me levantara, que no quería verme así, que le prometiera que estaría bien. Mi madre le dijo que tenía que ser fuerte y darme fuerzas en esos momentos difíciles, a lo que mi esposo respondió que ya no podía. Pero recuerdo que me puse a orar y empecé con el rosario, y él se sentó a mi lado y ambos comenzamos a orar. Nos tranquilizamos y, en ese momento, mi esposo me abrazó y me dijo: "mija, vas a estar bien". Fue como si todas las preocupaciones desaparecieran en ese abrazo. La fe y el amor de mi familia me ayudaron a encontrar la fuerza para luchar contra esta enfermedad.

Cuando comencé mi tratamiento contra el cáncer, nunca imaginé lo difícil que sería para mi familia. Mi hijo Isaías, siempre se sentaba a mi lado y charlábamos juntos. Él era el que más sufría con mi enfermedad: lloraba en la escuela y no podía concentrarse, hasta que su maestra habló con mi madre para informarle lo que estaba pasando. Isaías estaba preocupado por mí, por ver a su mami perdiendo el pelo y enferma. Quería verme bien y no sufrir más.

Para mí, las quimioterapias fueron una experiencia inolvidable. El médico me preguntaba si quería asistir a las charlas de motivación, pero no quería ir porque pensaba que sólo me pondría triste. Sin embargo, mi motivación para seguir adelante fue ver una serie, "La tierra prometida", estudiar la historia de José en Egipto y aprender de los 10 mandamientos. Eso me ayudó a mantenerme positiva y a superar el dolor y el cansancio.

Después, comenzó el proceso de radiaciones y fue otra experiencia que afronté con incertidumbre. Al principio, no sentí nada, solo un poco de cansancio. Pero, a medida que pasaban los días, mi cuerpo se fue quemando y el dolor se hacía más fuerte. Era insoportable sentir que cualquier roce en mi piel me quemaba, pero sabía que era parte del proceso para curarme.

A pesar de todo, mi familia siempre estuvo a mi lado, apoyándome y cuidándome. Isaías se convirtió en mi héroe, en mi fuente de energía. Y gracias a su amor, a las enseñanzas bíblicas y a mi fe, logré superar esta dura prueba. Hoy puedo decir con alegría que estoy venciendo al cáncer y que cada día es una nueva oportunidad para ser feliz. ¡Gracias a la vida por darme esta oportunidad!

Después de finalizar mi tratamiento, mi vida cambió drásticamente. Todo el proceso fue difícil y doloroso, pero gracias al apoyo de mi familia y a mi fortaleza interior, logré superarlo. La extracción del tumor fue una de las pruebas más difíciles que tuve que enfrentar, pero lo hice con coraje y esperanza en mi corazón.

Luego de eso, estuve en un chequeo cada dos meses durante dos años. Fueron años de angustia y de incertidumbre, pero también de esperanza y fe en la vida. Al tercer año me dieron de alta, pero no al 100%. Aunque sentí un gran alivio, sabía que no podía bajar la guardia, así que seguí con mis chequeos.

Mi vida no ha sido fácil, pero siempre he sabido que Dios sabe nuestros planes y que lo que no nos mata nos hace más fuertes. Sigo luchando por la vida día a día, valorando cada momento y cada persona que forma parte de mi vida.

El día que terminé mis radiaciones, mi hermano y su familia me acompañaron junto con mi madre. Ese día me dijeron que me iban a hacer una celebración porque todo el proceso había sido un éxito. Me sentí tan feliz y agradecida por todo lo que había superado. Ese día fue muy especial para mí, en parte porque ya me empezaba a crecer mi cabello, el cual había perdido durante el tratamiento. Nunca me sentí mal por la falta de cabello, pero le pedía a Dios que me sanara y me diera más tiempo para estar con mi familia.

Después de recuperarme poco a poco, empecé a llevar a mis hijos a un tratamiento psicológico. Tanto mi hijo Isaías como mi hija Diana, la mayor, seguían recibiendo tratamiento porque no fue fácil para ellos verme en esa condición. Todos en mi familia se vieron afectados, especialmente mi madre. Me dolía verlos sufrir, pero sabía que tenía que ser fuerte por ellos.

Cuando pude valerme por mí misma de nuevo, decidí trabajar con mi hermana en la limpieza de casas. Fue una experiencia gratificante y me ayudó a recuperar mi independencia. Sin embargo, la pandemia del COVID-19 llegó y cambió todo. La comunicación con las personas se volvió difícil, así que paramos. Pero la vida me presentó una nueva oportunidad, la de trabajar desde casa en la compañía de Tupperware.

Estuve un año y algunos meses en esa compañía y fue una de las mejores experiencias de mi vida. Conocí personas increíbles de otros estados, como Lilly Flores, Vanessa Flores y su hermosa madre Lilly, entre muchas otras. En esta compañía hice mi primer viaje a Nueva York y conocí a grandes líderes como Miriam Landin y Julio Landin. Ese viaje me ayudó a creer aún más en mí misma y a entender que los sueños pueden hacerse realidad.

Me uní a la compañía ITWORK y fue un cambio total, algo que me sacó más de mi zona de confort. En la actualidad hay muchas enfermedades y me he dado cuenta de que todos podemos cambiar si nos lo proponemos. El brillo de nuestros ojos brilla tanto como el sol, por eso ahora me dediqué a ayudar a personas a tener un estilo de vida mejor, ayudar a salir de la depresión, a creer en sí mismos y ahora también doy clases de ejercicios para motivar a chicas en casa. Me he convertido en una mujer segura que puedo lograr muchas cosas tanto para mi familia como para personas que necesitan de mí.

¿Por qué esperar al mañana si podemos empezar hoy mismo? Nunca es tarde para comenzar a vivir una vida diferente. ¡Cada día es una oportunidad para aprender y mejorar! Con entusiasmo y determinación, podemos lograr lo que nos propongamos.

MARTHA CONTRERAS

Nacida el 21 de enero de 1965 en Tototlán, Jalisco. Desde muy joven, Martha siempre sonreía y amaba hacer felices a los demás. Sin embargo, en su adolescencia, su vida cambió drásticamente cuando sus padres la mudaron a ella y a sus ocho hermanos a los Estados Unidos de América.

Siendo madre, se graduó como Secretaria de Oficina General. Buscó empleo en Grimmway Farms, donde comenzó como técnica de control de calidad y, en última instancia, como Gerente Regional de Saneamiento.

El espíritu contagioso y la pasión por la vida de Martha la han convertido en una querida miembro de la comunidad. Sus amigos y familiares la describen como alguien que siempre está ahí para ofrecer una mano amiga o un oído atento. Su inquebrantable positividad inspira a muchos y sigue siendo un modelo a seguir para quienes la rodean.

En el 2008, Martha decide aceptar la oportunidad que le ofreció su prima Norma Lupercio y empezó su trayectoria en el mundo del MLM, networking digital, con gran éxito, ganando muchos viajes y premios, incluyendo un carro.

Martha ha servido de inspiración para las mujeres que quieren realizar sus sueños.

Martha disfruta de caminar, bailar y pasar tiempo con sus seres queridos en su tiempo libre. Ella cree firmemente en el poder de la bondad y la positividad y se esfuerza por vivir todos los días con estos valores al frente de su mente.

Fenomenales, vuelve a soñar

MUJERES SIN LIMITES

Martha Contreras

Estaba a punto de terminar el tercer grado de secundaria en Tototlán, y al mismo tiempo también estaba estudiando contabilidad los fines de semana, lo cual costaba $50 pesos el curso que mi tío David me enviaba de Estados Unidos para pagarlo.

Tenía 15 años cuando llegué a los Estados Unidos junto con mis 6 hermanos, mi padre ya estaba aquí con mi hermano mayor Pepe.

Mi llegada a los Estados Unidos no fue planeada, pero las circunstancias familiares me obligaron a quedarme.

Llegamos los seis hermanos en 1979, por unos meses me quede en casa porque no pude enrolarme en la escuela, solo fueron mis hermanos menores.

Me quedé unos meses en la casa atendiendo a mi Hermana Mirna y mandándola a la escuela, ya que ella no se podía valer por sí misma. Después no me quedó de otra que empezar a trabajar a los 15 años.

Me llevaron a trabajar en el campo, donde aprendí todo el proceso del cultivo de la uva: deshoje, piscarla, encestarla y, al final, la poda para que siguiera dando más frutos.

Me Junté con mi primer Esposo a los 18 años, mi padre no quería que me casara, ya que estaba gestionando mis papeles para la residencia Americana.

Trabajando en el campo me lastimé la espalda y a consecuencia de eso busqué trabajo en una empacadora de zanahorias.

Soy una persona que siempre busca salir adelante, cuando empecé a buscar una mejor posición postulé a una vacante, pero exigían que tuviera high school, como tenía estudios en contabilidad, me dieron la oportunidad de cubrir el puesto.

Para entonces, ya tenía dos hijos, y estaba embarazada de mi Niña Nayeli, el tercero de mis hijos. Por el embarazo me dieron descanso, no me quede en casa, fui a estudiar Inglés, porque el

mayor de ellos ya estaba en la escuela y no podía ayudarlo con sus tareas, no entendía y me sentía muy impotente y me daba vergüenza el decirle que no sabía leer Inglés, eso fue lo que me hizo ir a estudiar Inglés y estando Embarazada de mi tercer Bebe, y con el transcurso de los años recibí su apoyo para lograr mis metas.

Cuando terminó mi descanso de embarazo, decidí no regresar al trabajo sino a la escuela. Logré obtener el equivalente de la high school y al graduarme de secretaria, ya había mejorado mucho en mi habilidad con el inglés, gracias a que le ayudaba con las tareas a mis hijos yo aprendía también. Mantenía mi diccionario a mano para poder dominar el inglés.

Mi esposo Pablo, quien es nacido en EE. UU. y domina el inglés perfectamente, me motivaba a aprender el idioma. Me decía que me hablaría en inglés y no en español.

La vida en Estados Unidos no es fácil, tenemos muchos desafíos, y yo no le corro a ellos.

Recuerdo que en ocasiones nos cortaban los servicios públicos y teníamos que ser creativos para seguir adelante. Como en el entrenamiento donde se tiene que sangrar para ser fuerte, siempre he sido muy positiva aunque las circunstancias me quieran aplastar.

Cuando quise conseguir trabajo de nuevo, me encontré con que pedían tres o seis meses de experiencia para cubrir las vacantes, por lo que tuve que volver a trabajos rurales. Sin embargo, trabajé con tanto empeño que empecé a ascender de puesto en la empresa.

Luego, quedé embarazada del cuarto hijo y tuvimos un total de siete hijos. Tener una familia tan numerosa nunca fue un impedimento. Ellos fueron mi mayor motivación para seguir adelante y también conté con el apoyo de mi madre.

Un día, surgió una vacante como secretaria en mi departamento. Agarré el puesto y, posteriormente, se abrió una vacante como supervisora. Al principio, no me la querían dar porque el horario de trabajo era nocturno y solo laboraba personal masculino. Me preguntaron si mi esposo tenía algún reparo en que trabajara entre hombres solamente, pero conocía muy bien a mi esposo y la confianza que me tenía. Finalmente, me dieron el puesto de supervisión y empecé a ganar 50,000 dólares al año, sin haber estudiado lo suficiente y sin haber asistido a la universidad. No hay barreras para superarse; hay que aventurarse y el camino se va abriendo.

Se abrió otra vacante como manager en la misma compañía, apliqué y me la dieron. He crecido mucho en esta empresa y ahora estoy a cargo de 10 plantas de producción. Quiero que mi mensaje sea claro: sí se puede, querer es poder. Ahora mi salario es de $90,000 al año y me siento orgullosa de haber llegado hasta aquí.

Mi faceta de Emprendedora

Soy una persona que me gusta evolucionar, nunca estoy conforme, así que me atreví a desarrollar mi primer emprendimiento.

Me invitó mi prima Norma Lupercio a ser parte de Tupperware. A pesar de que mi trabajo me demanda 40 horas a la semana, logré resultados fabulosos en Tupperware, gane un Mustang convertible del año, gracias al gran trabajo de mi Directora Magdalena Medina logre ganarme el carro de Tupperware y un viaje de vacaciones a Orlando valorado en $8,000.

Cuando un Angel parte al Cielo

Le prometí a mi hija Nayeli que el carro sería para ella. Todavía me duele el hecho de que nunca pude entregarle las llaves.

La última noche que estuvimos juntas, ella me arreglaba el cabello para una presentación. Me dijo: "Quédate conmigo, no vayas a la presentación". Yo le dije que había gente esperando y que no podía quedarme. ¡Cuánto me arrepiento de no haberme quedado!, disfrutando de su sonrisa y sus ocurrencias. Decía que quería adoptar a un hijo sordomudo. Vio la cultura de las personas con esta discapacidad y aprendió lenguaje de señas. Tenía un gran corazón y era mi mano derecha. Ella era mi hija mayor y, viendo el fuerte compromiso que tenía con Tupperware, cuidaba de mi hija menor.

La tragedia ocurrió cuando ella tenía sólo 19 años. Aunque ella manejaba bien, no le gustaba hacerlo de noche. A pesar de ello, salió en su auto para llevar a su tía que había perdido sus llaves. Me llamaron para contarme la fatal noticia: había sufrido un accidente en su vehículo. Pidieron que un familiar se acercara para reconocer su cuerpo. No fui capaz de hacerlo y mi cuñado me ayudó en ese doloroso proceso. Cuando la noticia fue confirmada, me derrumbé. Me encerré en su habitación y pensé que no podía seguir adelante. Vi su computadora encendida y cuando quise revisar, vi un trabajo de su escuela que recientemente estaba terminando. El trabajo consistía en narrar una historia acerca de la persona que ella consideraba más influyente en su vida. Escribió que yo era esa persona (su madre), describiendo aspectos de mi vida y mis hábitos que le causaban admiración. Escribió sobre la crianza que daba a mis hijos, el compromiso laboral que siempre mostré logrando ascensos consecutivos y los resultados extraordinarios que había obtenido en Tupperware. Dije para mí misma: si ella pensaba así de mí, no la voy a defraudar. Salí de la habitación dispuesta a enfrentar la realidad.

Cuando su cuerpo llegó a la funeraria para ser preparado, me permitieron el ingreso. Tuve una plática con ella por alrededor de 3 horas. Fue un tiempo para abrir mi corazón y para agradecer a Dios por los 19 años que me permitió disfrutar de su compañía.

A muchas madres que han perdido sus hijos les dijo: el dolor no se te va a quitar, pero tienes que aprender a seguir adelante; tienes que aprender a vivir con sufrimiento. No te mueres, tienes que aprender a seguir adelante con ese dolor.

Dos meses después de su funeral, recibí el coche. Mi equipo me ayudó a lograr ese objetivo, solo faltaban 3000 dólares para completar la meta, pero la crisis de la situación me sacó de carrera. Ya no lo quería porque había muerto mi hija.

Si alguien me dice algo negativo, busco lo positivo. De las circunstancias difíciles trato de sacar una lección que pueda aplicar para el resto de mi vida, pero a veces las circunstancias se tornan muy oscuras. Recuerdo que en una ocasión rompieron los vidrios del automóvil. me robaron todas las pertenencias en su interior. Me robaron las maletas, una computadora y 3000 dólares en productos. Dios nos manda pruebas; ese día siempre llega. Cuando ocurra, recuerda el ejemplo de Job: Perdió a sus hijos y sus bienes en un mismo día. También enfermó de lepra; permanecía tirado en ceniza, rascándose las llagas que cubrían todo su cuerpo con un tiesto. Su esposa se atrevió a decirle: "¿Aún retienes tu integridad? Maldice a Dios, y muérete"; ¡qué absurdo!, cuando más necesitaba dulzura, sus palabras eran tragos amargos. A pesar de todo esto, Job se postró y adoró, diciendo: El Señor dio, el Señor quitó; sea bendito su nombre. Descansa en que Él tiene un plan con todo lo que ocurre y tu situación jamás se escapa de sus manos.

Me llevó tres años llegar a la posición de supervisora. Cuando terminé mis estudios, recordé que la empresa daba oportunidades a sus empleados. Siempre estaba al tanto de las nuevas vacantes. Una de mis amigas se mostró interesada en mi puesto y le dije que lo intentara, aunque me dijo que no hablaba inglés. Insistí en que no tenía que tener miedo y que podía preguntarme cualquier cosa que necesitara. Ahora ella es la manager del laboratorio. Venimos de una familia en la que no se anima a las mujeres a superar a los hombres, pero logré ascender de supervisora a manager en solo un año y medio.

En ese momento, vivía a dos cuadras del empaque donde surgió la vacante de gerente y todavía estaba amamantando a mi hija. Había una bacteria en el aire y cada vez que revisaban, cerraban uno de los cuartos de producción. Pregunté con qué frecuencia limpiaban los ventiladores y me dijeron que nunca. Empecé a limpiar con mi equipo y logramos acabar con la bacteria. Por ese motivo, me dieron un buen aumento de salario.

Para superarse, hay que querer hacerlo. Aunque no estés en tu país, hay muchas oportunidades y todo depende de ti. Tienes que creer en que Dios puede hacer maravillas con tu vida. Con su ayuda todo lo puedes. No te conformes. Veía a algunos de mis compañeros con estudios superiores y decían que no aprendían inglés, pero nunca los veía esforzarse. Puedes triunfar donde sea, pero la constancia es la clave del éxito. Aunque trabajaba 40 horas a la semana, en apenas 16 meses logré ganarme un carro nuevo por tener resultados extraordinarios. La constancia es la clave del éxito. No importa cuán inteligente seas; si no eres constante, no llegarás lejos. La constancia es el hábito que convierte los sueños en realidad.

Esto no hubiera sido posible sin la ayuda de Dios, mi Angel Nayeli, mi esposo Pablo y la motivación de mis hijos. Quiero dejar un legado para mis nietos y mis generaciones venideras.

NORMA LUPERCIO

Tengo cincuenta y ocho años de edad, soy casada hace treinta y tres años y tengo cuatro hijos y cuatro nietos.

Mis padres, Rafael Aceves y la maestra Afrerina. Soy la segunda hija entre diez hermanos. Tuve una niñez muy bonita.

Soy originaria de un pueblo llamado Capilla de Milpillas, Jaslisco. Cursé la secundaria y terminé una carrera técnica la cual desarrollé varios años. Emigré a este país hace treinta y cuatro años; tuve diferentes trabajos, pero me desarrollé ampliamente en el área de marketing de afiliados. ¡Tuve la fortuna de descubrir un mundo donde los sueños se hacen realidad con esfuerzo y perseverancia!

Fenomenales, vuelve a soñar

MUJER IMPARABLE

Norma Lupercio

Soy la segunda hija de diez hermanos. Vivíamos en Jalisco cómodamente, con mis padres y mis nueve hermanos. Mi madre era maestra y mi padre era agricultor y tenía una cantina. Todo el pueblo iba al lugar. Era el punto de encuentro de los amigos. Mis hermanos y yo éramos buenos jugando billar y baraja. Jugábamos también al Volley Ball.

Cuando se trataba de decidir quién hacía los quehaceres del hogar, jugábamos baraja; el que perdía arreglaba la casa.

Fui la primera en llegar a los EE. UU. Me vine de vacaciones; era secretaria, tenía un puesto de trabajo estable, pero llegué a este país y me quedé definitivamente. En ese momento conocí al que ahora es mi esposo. Mi tía me recibió en su casa y él vivía allí. Ya completamos 35 años de casados, con dificultades de parejas, que en poco tiempo conocerás.

De nuestra unión nacieron cuatro hijos: Dos hombres y dos mujeres. Quise aprender inglés, pero me concentré tanto en el trabajo que no tuve tiempo de hacerlo. Nunca estuve conforme con las labores que al principio conseguí.

Vivía en los Ángeles, California. Cambié de oficio. Empecé a trabajar en fábricas textiles. Cortaba hilos; no sabía coser. Anduve de fábrica en fábrica. Nada me satisfacía. Me mudé de los Ángeles, a hora y media, para trabajar en cultivos de uva; ¡tampoco era lo mío! Llegué a otra compañía donde llegaba la uva congelada. En esa empresa me ascendieron de puesto, pero pensé: «Tengo suficiente para empezar una tienda de ropa». A ello me dediqué durante cinco años. Sin embargo, no me sentía completa: ¡Era mucho encierro!; tenía dinero, pero no libertad.

Me aventuré con un nuevo negocio: Decoración de eventos, especialmente bodas y celebraciones de quinceaños. Contraté a mucha gente. Generé buenos ingresos para beneficio mío y de varias familias. Tenía muchos eventos, pero me ocupaba solo los fines de semana. Así que resolví aprovechar el resto de tiempo para ofrecer trabajos de limpieza.

Empecé limpiando casas. Recuerdo cuando aseaba esas bellas mansiones. Añoraba una casa grande. Me sorprendía ver los amplios espacios y el lujo de aquellos lugares donde ejercía mi oficio. Decía para mis adentros: «Algún día voy a tener una casa así».

Entregué tarjetas de presentación en las casas más lindas que pude encontrar. Me llamaron seis personas interesadas. Rápidamente tuve que contratar a varias mujeres.

Un día, mi hermana me invitó a hacer parte de Tupperware, la empresa de multinivel, líder en la fabricación y comercialización de recipientes para alimentos y bebidas. En poco tiempo salí adelante. Empecé a viajar. Mi historia en la compañía fue como de la Cenicienta: Empecé desde abajo y de repente empecé a viajar, y a ganar carros último modelo.

En la mañana, limpiaba casas; en la tarde, hacía presentaciones de Tupperware; y los fines de semana, organizaba eventos.

Cuando mi esposo vio mi amplia actividad en la nueva compañía, me pidió el divorcio. Me dijo: «Tupperware o yo». Le contesté: «¡Tupperware!» Me decía varias veces: «¡Cuidadito, no vas a ir a ningún lado!» Él solo quería verme en casa.

Para tener éxito en Tupperware tenía que hacer presentaciones. Salía en las mañanas a cumplir con las obligaciones de aseo, y en la tarde, a mis presentaciones. Al regresar, mi esposo le ponía seguro a la puerta. No me dejaba entrar, ¡me dejaba en la calle! Yo no le prestaba atención; me quedaba trabajando afuera. Ponía mi mejor actitud, pero él moría del enojo. Cuando noté que se molestaba al verme maquillando y luciendo mi mejor atuendo, me llevaba mi ropa escondida para arreglarme afuera. Fue tanto el éxito que empecé a tener con Tupperware que abandoné el negocio de los salones para eventos.

Me acostaba a las 9 p. m. Cuando él se dormía, me levantaba gateando, evitando despertarlo, para seguir haciendo pedidos hasta la una de la mañana. Empecé a ganar carros. Recuerdo el día en que me iba a ganar dos carros en una misma fecha. Nadie había logrado esa hazaña. Sin embargo, mi esposo se mostraba hostil. Cuando hacía llamadas para concretar negocios, me pellizcaba para que colgara.

Una noche venía de hacer una presentación. Me dijo: «Llega, que te espero a comer»; pero la puerta estaba cerrada. Ese día no aguanté más. Aventé la puerta. Con mucho sacrificio ganaba 6000 dólares mensuales para beneficio de todos, ¿acaso merecía este trato? Le dije: «¡Nunca más me vuelves a molestar, a menos de que te quieras ir!» Nunca más lo volvió a hacer.

Mis resultados crecieron tanto que dejé el negocio de aseo en las casas. ¡Empecé a trabajar a lo grande! Hice mi primer millón de dólares. Viaje en un crucero por Alaska, viajé a la India, Argentina, Nueva York, Texas... y empecé a dar entrenamientos. Empecé a sobresalir. Gané fama en el negocio multinivel. Pagué mi casa en dos años. Parecía imparable, hasta que mi hijo me dio una noticia que me frenó en seco: «Mamá: Mañana me van a operar; tengo cáncer».

Clamé: «¡Dios mío, llévame a mí!» Entré en una crisis profunda de ansiedad y depresión. Mi vientre se hinchó, me desmayaba dos veces al día, me dio anemia, me querían poner oxígeno permanente, llena de aparatos, el corazón me latía muy despacio. No podía cuidar a mi hijo; él empezó a cuidarme a mí. Aunque me ganaba un viaje cada seis meses y me iban a entregar una camioneta nueva, no podía sostener mi racha. Así que, entregué mi organización de más de un millón de dólares.

Los médicos no lograban dar un diagnóstico definitivo. Me hacían tomografías, exámenes de sangre... pero no encontraban nada. Me mandaron con un psicólogo. Creyeron que era un embarazo sicológico. «Si no vas con un psicólogo no te vamos a atender», me advirtieron. El psicólogo, sin consideración, me preguntó: «¿Por qué quieres llamar la atención?» No comía, tenía anemia. Al ver que nadie me comprendía, me escondía para llorar, me encerraba en el closet. Allí me encontró mi hija. Ella me llevó a Tijuana, donde unos médicos especializados hallaron que el intestino estaba paralizado por colitis nervioso. Nunca me trataron los nervios, ni siquiera el psicólogo. ¡Casi pierdo la vida por negligencia médica!

Empecé a tomar un producto natural de la compañía Hibody. En poco tiempo, mi vientre se desinflamó. Sin dudarlo, comencé a comprar todos los productos y, además, me afilié. Dentro de la empresa, ¡me convertí en diamante en apenas dos meses! Muchos conocieron mi caso; al verme aliviada ¡todo mundo quería probar los productos! Mi carrera volvió a despegar tan vertiginosamente, que una empresa de multinivel me ofreció el puesto de vicepresidenta. Me buscaron por alrededor de cinco meses, ofertándome 30 mil dólares mensuales y el pago de mi casa para ayudarlos a crecer, como yo lo había hecho. No puedo negar que la oferta era tentadora, pero es demasiado estrés y compromiso. Creo que puedo ganar una cifra superior sin adquirir tanta responsabilidad y demanda.

Me encargué de buscar un equilibrio. Participo en el club de la mañana: Nos levantamos a las 5 a. m. Hacemos 20 minutos de ejercicio, 20 de lectura, y 20 de meditación/

oración. También, a las 6 a. m. tengo cita permanente con un coach. Por otro lado, recibo clases de marketing digital en redes sociales. Me gusta estar en permanente capacitación. Esto me ha permitido conocer con toda claridad los planes de compensación en diferentes compañías de multinivel. ¡Me ha dado autoridad en el gremio!

El conocimiento me da poder: Poder para administrar mejor el tiempo y el dinero. Tomamos mejores decisiones. La gran mayoría de personas se mantuvo encerrada en la pandemia. Yo fui tres veces a Cancún. Aproveché la pandemia para viajar más que nunca.

Decidí ser feliz, a pesar de mis problemas. Decidí hacer un cambio y esto se vuelve contagioso. Lo noto porque percibo que las personas prefieren mi compañía; me han expresado abiertamente que les gusta estar conmigo. Me gusta dar consejos, apoyarlos, verlos crecer.

Algunas personas me preguntan cómo puedo ser feliz Les respondo: yo soy feliz, por el apoyo de mis hijos, mi esposo me apoya en mis decisiones, viajamos juntos.

Tuve una conversion con mi hija, me dijo que por que no escribía un libro, textualmente ella dijo: «¡Deberías escribir un libro!» Le hice caso. En un poco tiempo recibí la invitación para estar en "Fenomenales"

Tienes en las manos parte de mi compromiso. Tal como te lo estoy contando, cada desafío en la vida, solo me ha fortalecido. Ahora, sé afrontar las situaciones, aunque incluyan tormentas. Estoy de pie y más sana que nunca.

Ahora se ha despertado en mí un hambre voraz por estar con la gente. Siempre que me dan la palabra me doy cuenta la atención que me prestan. ¡Eso me emociona!, porque es una oportunidad de oro para motivarles a recorrer la misma senda que me ha traído a este jardín, lleno de frutos. Me llena de alegria ver a tanta gente con ganas de superación; poder ayudarlas en su proceso me conmueve.

La vida se vive una vez. No hay tiempo para ensayar; no se trata de una obra de teatro. Tienes que salir al escenario real sin libretos. Pero mientras tengas una meta clara, los "cómo" se resolverán en el camino. Cuando das lo mejor de ti mismo, y confías en que la Divina Providencia es justa para darte lo que mereces, serás imparable. La confianza en uno mismo te lleva a alcanzar todos los éxitos, derrumbando todas las barreras. Confié en mí misma que si podía lograrlo; cuando apenas limpiaba casas, confié que podía comprar una así de grande y lujosa; cuando estuve al borde de la muerte, cambié de hábitos porque confié que podía superar la crisis. Mucha gente está llena de certificaciones, de títulos, de estudios, pero no confían en sí mismos. Yo ni siquiera sé hablar inglés y tengo resultados fuera de lo común. ¿Cuál es el secreto? Confía en el talento que Dios te dio. Puedes tener la mejor habilidad, el mejor coach, los recursos necesarios, pero si no confías en ti mismo, estás perdido. Cuando fui a terapia con el psicólogo había gente enferma más joven que yo. Tampoco se trata de la edad. Si le echas la culpa de tu situación al gobierno, a tu familia, a tu edad, al destino... cualquier cosa fuera de ti, nunca cambiará tu situación. Toma la responsabilidad, confía en ti, toma el control en tus manos y vuela tan alto como quieras.

SARITA CAUICH

Sarita nació en México y emigró a los Estados Unidos a los catorce años de edad para encontrarse con su madre, quien ya residía en el estado de Oregon. Ella y sus dos hermanos llegaron siendo niños y no se imaginaron que su trayectoria hacia el sueño americano sería un largo recorrido.

A Sarita le encanta el color lila, lavanda y morado; también le apasiona la lectura y los poemas. Ser co-autora de "Fenomenales, vuelve a soñar" es un sueño cumplido. Ella decidió contar parte de su historia para inspirar a otros a nunca darse por vencido y, sobre todo, hablar del bullying que sufrió en su niñez para hacerle saber a su sobrino Isra que se puede salir adelante a pesar de muchas pruebas, y que Dios cambia y transforma nuestras circunstancias.

Sarita le agradece profundamente a Dios por el cambio que ha hecho en su vida y en su familia y le dedica esta participación a su familia (padres, hermanos, esposo, hijos y sobrinos) y a todas las personas que no pudieron desahogar el alma.

Fenomenales, vuelve a soñar

Fenomenales, vuelve a soñar

DESAHOGANDO EL ALMA, EL CORAZÓN TAMBIÉN LLORA

Sarita Cauich

Mi niñez estuvo rodeada de bellos recuerdos que abrazan mi memoria y susurran en mi presente. Llegan a mi mente rayitos de recuerdos, algunos bonitos y otros agridulces.

Recuerdo que, de niña, tenía un carrusel hermoso. Quizás por eso me encantan tanto y cada vez que los veo me abraza ese recuerdo con el que llega la nostalgia, pero también la alegría.

Crecí rodeada de amor, aunque mi inocencia no entendía muchas cosas que hoy comprendo a la perfección.

La vida me ha llevado a caminos inesperados. Caminos que se dividen y otros que se unen, mientras hay otros que se alejan o acercan cada vez más a la verdad.

Mientras crecía, sabía que algo no estaba del todo bien. Siempre he visto el lado bueno de las cosas pero, según yo, algo no encajaba. Sentía un vacío, un rechazo, algo que me hacía falta.

En 2001, con catorce años, llegué a los Estados Unidos.

Celebré mis quince años en compañía de mi familia y, con ello, llegaba a la puerta el amor. Un amor de adolescentes, de esos que crees que son para toda la vida y con el que creas tantas cosas en la mente para, más tarde, darte cuenta de que es algo así como la nieve, que es hermoso al caer pero se disuelve con la primera lluvia o el primer rayo de sol. De esa manera llegó a mi vida en esa ocasión.

Dentro de mí seguía sintiendo ese vacío y ese algo que siempre me hacía sentir triste. Yo no lo entendía, no lograba descifrar qué me pasaba.

Nunca lo hablé con nadie, quizás por vergüenza o por miedo al rechazo, o porque simplemente no sabía cómo empezar a hablar del tema, pues abordarlo no es fácil cuando existe la posibilidad de ser cuestionada con preguntas como:

¿Cómo? ¿Cuándo? ¿Dónde? ¿Quién?

Con el miedo de abrir heridas, de decir nombres y el miedo a causar problemas, decidí ponerme un caparazón y ocultar mis sentimientos con el dolor guardado en lo más profundo, sin saber que estaba muy lejos de ser verdad.

El destino, los planes de Dios y nuestros propios errores nos llevan a donde menos pensamos.

El día menos pensado, llegó el amor de nuevo, y esta vez fue distinta a otras veces. Llegó en forma de cupido y tan romántica como siempre había soñado.

Primero llegó una carta, y ese fue el canal que impulsó un amor puro, romántico y divertido. Lejos estaba de pensar que allí comenzaría una trayectoria de vida y un choque con mi realidad y con lo que había pasado en mi niñez.

No sabía que afectaría al desarrollo de mi vida de adulta.

Muchas veces me miraba al espejo y buscaba defectos en mí. Yo nací con una nariz especial, a la que no puedo llamar defecto porque funciona al cien. Gracias a Dios respiro bien y no tengo dificultades más allá de lo estético. Hablar de esto ahora es un alivio.

¿Te acuerdas de mi nuevo amor? Bueno, él me dio, me ha dado y creo en Dios que me seguirá dando ese amor, porque ahora es mi esposo.

Aquí empieza mi historia jamás contada hasta hoy.

Nos casamos y comenzamos creando una familia. Él se esforzaba por darme lo mejor y yo sé que siempre me ha amado, pero el diablo, como león rugiente, siempre busca a quien devorar, y yo fui su presa durante mucho tiempo.

No creí poder merecer tanto amor, tantas cosas lindas que hacían explotar mi mente y abría las heridas del pasado.

De niña, como a los nueve años, un día escuché a mis compañeros hablar mal de mí, reírse y burlarse. Ese día hirieron mi corazón, mis sentimientos. ¿Cómo te explicas a esa edad tanta crueldad?

Se reían de mi aspecto físico, concretamente de mi nariz. Me llamaban de diferentes maneras que realmente llegaron a marcarme. Me causaron inseguridades y cicatrices y me dejaron un corazón agrietado que, al paso del tiempo, causaría más cosas en mí.

Una vez, uno de ellos me dijo que, para tener una nariz normal, tenía que pasarle una plancha para tenerla perfecta. En aquel momento sentí mucha tristeza, coraje y enojo. Los tres sentimientos al mismo tiempo me dejaron allí congelada, sin poder decir una sola palabra.

La gente es cruel ante las indiferencias porque jamás sabrán lo que es ser intimidada, nunca sabrán lo que se siente al ser llamada con nombres feos. Eso causa heridas en el alma y, en ocasiones, que el corazón llore.

Yo cargué con estas heridas sin decirle a nadie. Cargaba frases, sangré en silencio y hoy me pregunto por qué nunca le dije a mamá, si siempre estuvo para mí.

Nunca imaginé que esto seguiría en mi adultez. Oculté esta situación, me afectó por no sanar, por no hablar a tiempo o por miedo a mi propia verdad. Esto causó inseguridad en mí. Me hizo sentirme acomplejada, rechazada y caí en un abismo provocado por muchas emociones y altibajos.

La vida nos pone en distintas situaciones, y guardar silencio y callar no siempre es una buena opción.

Mi niñez fue destruida en sólo unos segundos que para mí se convirtieron en años de dolor. Fui discriminada con comentarios que me herían el alma.

Un día le hice una propuesta a mi esposo y, lo que para mí era un juego, terminó destruyéndome y abriendo pandoras en mi vida. Hay respuestas que duelen.

El día siempre trajo consejos que ignoré. Me vestí de celos, me puse zapatos de juez y me maquillé con enojo. Siempre tuve la idea de no dejar que nadie me pisoteara, que nadie me lastimara y qué ilusa fui.

Yo venía cargando enojo desde mi niñez, los celos abrieron heridas del pasado, trayendo consigo destrucción y muchas lágrimas. Empecé a ser celosa cuando mi esposo me celaba y me dije a mí misma: "Yo le haré lo mismo".

Ahí empezó un juego en mi interior y me hice una máster en celos, de lo cual hoy me arrepiento. Sombras de celos me seguían y me hacían alucinar y sentir que me ahogaba en medio de ellos. La inseguridad y la poca autoestima comenzaron a despertar los sentimientos inconclusos que tenía de niña y buscaba un escape a través de cualquier situación.

Los celos causaron muchos estragos y traumas, porque mis sombras me atormentaban y me asustaba descifrar y abrir mis sentimientos y encontrarme a mí misma en mi pasado como aquella vez.

Capturé mi historia y, aunque pasen los años, quedan en silencio muchos sentimientos.

Con los ojos empapados, le pedí a Dios que me sacara de esa situación. Muchas veces quise escapar y huir, como si esa fuese la solución.

En mi matrimonio he pasado muchas pruebas. Estuve a punto de llegar al divorcio a consecuencia de mis debilidades y mi baja autoestima, sin culpables, sin fundamentos, sin pruebas, sólo aquello que atormentaba mi mente.

Los celos fueron una enfermedad que dominaron mi mente y destruyeron mi vida cada día un poco más, creaban en mí espíritus que afectaban mi paz interior. Sentía la necesidad de dejarlos salir y, cuando lo hacían, no era para nada bueno. Yo destruía con mis manos lo que debí cuidar más que nada.

Cada día actuaba más como una loca, la cordura desaparecía y vivía desesperada alimentándome de mi ansiedad. Mi corazón sangraba cada día. Vivir así no era felicidad. Estaba atormentada y lo peor es que me alimentaba de más negatividad en vez de buscar ayuda para mí, para mi matrimonio.

Han habido varias cosas más que un matrimonio pasa pero, de por sí, cuando uno de los dos viene dañado, sin ayuda y sin la paz de Dios, es difícil salir de ese lugar.

Pasé por violencia que mi actitud provocaba, permití que la amargura por la falta de perdón se robara mi presente y parte de mi futuro. Hay cosas que no pueden repararse del todo, pero yo aprendí que, donde fui quebrada, hoy es una pieza fundamental y única que hoy hacen una historia.

Todo lo que pasé me dolió, me llené de odio pero, al final, logré liberar mi alma y cerrar esa etapa.

Esa parte de mi vida hoy es un hermoso testimonio de cómo Dios, en su infinita misericordia, renovó mi matrimonio, me sacó de ese abismo, me abrazó y hoy ilumina mis días y, lo que me agobiaba desde niña, hoy puedo tener la certeza de que ha sido sanado y que, si Dios permitió que mi vida estuviera de cabeza, fue para cerrar ese ciclo.

Todo lo que pasé dolió y me llenó de odio pero, al encontrar en la Biblia que alguien murió por mí y dio su vida por mí, entonces entendí que el amor es una medicina que sana mi alma y que ha puesto en mi vida a un ser que sé que me ama.

Cuando tuve ese encuentro con Dios y me vi en la situación de estar a punto de quebrar en dos nuestro hogar, fue que llegó la ayuda perfecta, la consejería pastoral y, con esa ayuda y la de Dios, mi esposo y yo nos perdonamos y entendimos que el amor no guarda rencor y que todo lo supera.

Cada día lucho por ser mejor esposa, madre, hija, hermana y amiga a quienes me permiten ser parte de ellos.

SOLEDAD LÓPEZ RAMOS

Soledad López nació en Yerbabuena San Juan Mixtepec, Oaxaca, México. Emigró con su mamá a los Estados Unidos a los catorce años de edad.

Sol es hija, esposa, hermana, y orgullosa de llamarse madre. Uno de mis mayores motores para seguir en la lucha todos los días, son mis hijos y mi esposo.

Me siento privilegiada de brindar apoyo y oportunidades a personas que buscan lograr lo que más añoran en sus vidas. Observar a otros cumpliendo sus sueños y brindarles siempre una mano amiga. Mi compromiso y mi propósito es el amor al prójimo.

Mis metas más importantes incluyen ser un ejemplo para mi familia y mis seres queridos, y empoderar a otras mujereres, brindado un proyecto de vida y un legado de inspiración para ellas, para que pasen de ser mujeres ordinarias a extraordinarias, ¡logrando romper las cadenas limitantes!

Mi cariño y mi amor para ti.

Soledad López Ramos.

Fenomenales, vuelve a soñar

ROMPIENDO CADENAS

Soledad López Ramos

No importa que la vida deje huella en mí, lo importante es dejar huella en la vida. Jesús de Nazareth dijo, "La verdad nos hará libres". En este capítulo te darás cuenta cómo logré cambiar mis creencias limitadoras por convicciones de libertad. Te vas a reír o a compadecer de mí, pero te aseguro que, si aplicas mis consejos, romperás las cadenas y paradigmas que te mantienen bajo el yugo de la costumbre, en un estado de frustración y carente de gozo, solo porque no has tenido la oportunidad de conocer esa otra vida que te está esperando. Espero que disfrutes leyendo este capítulo tanto como yo disfrute escribiéndolo. Cariñosamente, Soledad López.

En el año de 1986, mis padres tuvieron la oportunidad de conquistar su sueño americano viajando a los Estados Unidos. Nací en ese mismo año. Mis padres me dejaron bajo el cuidado de mis abuelos. Ellos no fueron conscientes de que, a mi corta edad, esa decisión me llevaría a experimentar momentos de profundo dolor. Lo recuerdo como si fuera ayer; me preguntaba por qué me habían abandonado. Con apenas seis años ya era consciente de muchas cosas y esto dejó marcas dolorosas en mi corazón y en mi alma. Desde mi infancia comencé a crecer a los golpes, recibiendo heridas y llenando de cicatrices mi interior, hasta que logré romper esas creencias limitantes.

Mis abuelos tenían tres hijos: mi padre y dos tías. Soy originaria del pueblo llamado Yierbabuena, San Juan, Mixtepec, del estado de Oaxaca, donde hay muchas creencias limitantes. Nunca recibí un abrazo de mi abuelo, quien era muy rudo y me maltrataba físicamente. A pesar de eso, admiro su responsabilidad en el trabajo y su resistencia física.

En mi infancia no sabía que éramos de escasos recursos, pero notaba que algunas personas regresaban de los EE. UU., después de meses o años, con una mejor apariencia. A veces les preguntaba qué habían hecho y me contaban sus experiencias en los EE. UU.

Cuando tenía once años me gradué de la primaria. Mi primer lenguaje es el mixteco, y no aprendí español hasta años después. En mi niñez, sufrí de acoso escolar debido a las pecas en mi rostro. Esto afectó gravemente mi autoestima y me llevó a crecer con una amargura que me impedía sonreír. También sufrí la falta de afecto y atención por parte de mis familiares, lo que me hizo tratar a mis hijos de la misma manera.

Nadie me enseñó acerca de la vida. Recuerdo que, cuando llegó mi menstruación, sentí miedo y no tenía a quien preguntar. Sé que todavía hay chicas que viven en esas condiciones, especialmente en lugares donde no hay acceso a internet. Una de mis metas es ayudarlas, guiarlas y abrir sus mentes.

Después de la pérdida de mi abuelo, me quedé sola con mi abuela. Le había prometido a mi abuelo que estaría con ella para siempre; aún me duele no haber cumplido esa promesa. Han pasado muchos años desde que vi por última vez a mi abuelita, en aquel día que viajé a los Estados Unidos con mi madre. Mi abuelita falleció hace dos años. Todavía la siento presente en mi vida, nunca dejé de ayudarla.

En mi caso, nadie se pudo imaginar en que se convertiría mi vida de niña y adolescente, sin embargo, toda esta tragedia familiar, no me impidió continuar con mis deseos de vivir, aunque muchas veces pensé en lo peor. Esta experiencia me ayudó a descubrir que Dios existe.

Llegué traumada, no sabía dónde quedaba los Estados Unidos. Lloré durante todo el camino. Lloraba porque no pude despedirme de mi abuela, Le agradezco a mi mamá, porque gracias a ella estoy aquí. Yo no tenía ese sueño, simplemente crucé y llegué. Al llegar a Phoenix, estaba muy débil; ella me preguntó si estaba bien. Yo dije que sí.

Crecí con atole de maíz, no conocía la leche. Cuando llegué a Phoenix, mi vida cambió completamente. Al día siguiente de haber llegado, mi madre me buscó trabajo. Me trataba con dureza. Nunca me dijo: 'aquí estoy para escucharte'.

Todo el tiempo me repetía: "un hombre no te tomará en serio". Eso se quedó grabado en mi mente. Esas palabras me hacían perder mi valor como ser humano, las guardé en mi corazón. Mi madre me consiguió trabajo y me explicó cómo era su rutina diaria: el trabajo, la preparación de la comida y el almuerzo. Para mí, trabajar no era difícil; en el rancho, estaba acostumbrada a levantarme temprano alrededor de las 2 de la mañana a hacer tortillas en el metate. Cada viernes mi abuelita hacía trueque para que pudiéramos comer.

Empecé trabajando en el campo, en los cultivos de sandía y melón, también en la producción de chile jalapeño. Hacía demasiado calor y el chile me hacía daño en los dedos, por lo que me ponía cinta adhesiva en las manos. No usaba guantes porque me resultaba difícil quitar la colita del chile. Trabajaba por contrato y tenía que hacerlo por día. Las sandías eran muy pesadas; pero, aunque era pequeña, era fuerte. También trabajé con brócoli y espinacas en Maricopa, Arizona. A menudo trabajaba entre los hombres. Después de la temporada, mi madre me buscó otro trabajo en un "burger king" donde el gerente era mexicano. Me preguntaron si hablaba español e inglés, y dije que sí a ambas preguntas. Me pusieron a hacer hamburguesas. Los pedidos eran en inglés, pero como no lo entendía, cuando pedían sin cebolla, yo lo enviaba con cebolla. Se dieron cuenta de que no entendía el idioma y el gerente me preguntó cuántos años tenía. Dijo que en mi documento ponía que tenía 20 años, pero que debería estar en la escuela. Le dije que sí tenía 20 años, pero que no iba a la escuela porque tenía que trabajar. Él me aconsejó que fuera a la escuela para aprender inglés y que cuando regresara, me tendría el trabajo. Sentí un alivio y entusiasmo a la vez, porque mi sueño siempre era estudiar.

Le conté a mi madre y estuvo de acuerdo: 'vete a la escuela'.

Todos allí hablaban en inglés y yo apenas estaba aprendiendo el español. Empecé en noveno grado sin saber nada y a menudo llegaba tarde a clase, porque me perdía en los pasillos de la escuela, no sabía leer en inglés lo que molestaba al profesor, quien me castigaba constantemente. Estuve un año estudiando y luego me mudé a Phoenix, Arizona, donde mi madre había comprado una casa. Mi padre se quedó en el pueblo con todos los animales de mi abuelo. Me mudé a Tempe, Arizona para estudiar en una nueva escuela y apenas estaba haciendo amistades en un lugar completamente nuevo.

Mi madre me seguía maltratando. Yo quería mandar mi primer cheque a mi abuela, pero mi mamá me decía que aquí nada era gratis. La entiendo: mi padre la golpeaba. Sabía que mi abuela estaba sola. Me dolía el corazón, pero no podía hacer nada.

Un día, mi tío vino de visita y nos contó que quería trabajar en Oregón. Le dije a mamá que quería irme con él y sus hijas. Mi mamá dijo: "Vete, si te quieres ir". Agarré mi mochila y esa misma tarde preparé mi ropa. Estaba feliz. Iba a tener dinero para mandar a mi abuela. Mamá le dijo a mi tío: "Llévatela, porque aquí solo me da problemas". Le dio 50 dólares a mi tío y a mí no me dio nada. Solo traje una cobija.

Allí vi todo el amor que mi tío le daba a sus hijas. Yo me preguntaba: "¿Eso es normal, lo que hace con los hijos?". Estaba feliz, pegada a ellas. Viajamos unas 17 horas y llegamos a Oregón. Al otro día nos fuimos a trabajar. Era por contrato. Mi tío me enseñó cómo hacer el trabajo más rápido. Gracias a él, aprendí a recoger fresas. Cuando llegaba la temporada, me iba a recoger fresas. Ahí vi la importancia de las palabras positivas: mi tío me decía: "Puedes hacerlo, no te rindas". "Y otra frase que me decía era: Mientras más rápido muevas las manitas, mejor te va a salir tu cheque".

Con el primer cheque pude enviarle dinero a mi abuelita. Cuando mi tío pensaba regresar le dije que no lo acompañaría. "¿Qué le digo a tu mamá?", me preguntó. "Dígale lo que quiera, a ella no le importa". Le expliqué que había encontrado a mi tía. Me fui a vivir con ella y me dio la bienvenida. Mi tía fue muy linda conmigo hasta después de la semana, cuando empezaron las palabras duras.

Después de casi cuatro años, por fin pude hablar con mi abuela porque mi tía sí hablaba con ella. "¡Estás viva!", fue lo primero que me dijo. "Sí, estoy viviendo y trabajando". Solo podía escuchar su voz. "No te preocupes", le dije. Empecé a ayudarla, pero desde entonces empezó a enfermar. Perdí a mi abuelita y estoy pasando por mi proceso de duelo.

Comencé a abrir mi mente y a ser más independiente. Me compré mi primer carro y no dejé la escuela. De Arizona a Oregon, asistía a la escuela y trabajaba de noche. Mis maestros en la escuela me compraron la toga y el birrete para la graduación. Finalmente, me gradué en 2006 y cuando fui a recibir mi certificado, invité a mi mamá. Ella prometió que iría, pero nunca llegó y nadie estuvo presente en mi graduación.

No importa de dónde vengas ni cómo hayas crecido ni cuáles sean tus limitaciones, siempre puedes aprender y cambiar. Lo más importante es romper la cadena de pobreza mental y generacional, para vivir una vida diferente y no transmitir esto a tus hijos.

Después de estar sola me deprimí y tuve una crisis de ansiedad. Batallé contra estos sentimientos hasta el 2011, cuando conocí a mi esposo, que en aquel entonces vivía en California. Junto a él, mi vida se acomodó y empecé a buscar más a Dios y a servirle. Empecé a leer libros de superación personal y aprendí a enfrentar mis miedos. Comencé a pensar en grande y esto hizo una gran diferencia en mi vida. Agradezco a Dios por todo lo que me ha enseñado y por darme la fuerza para perdonar a mis padres, aunque ellos nunca me pidieron perdón.

No importa de dónde vengas, dónde hayas crecido, ni cuáles son tus limitaciones, siempre puedes aprender y cambiar. Lo más importante es romper esa cadena de pobreza mental para vivir una vida diferente y no transmitir eso a tus hijos. ¡Tú puedes! Si yo he podido, tú también puedes lograrlo. Dios tiene grandes cosas para ti; él nos puso en este mundo con un propósito, solo falta que descubras cuál es el tuyo.

Espero que este capítulo pueda ayudarte en el camino.

Con todo mi amor y cariño para ti.

Fenomenales, vuelve a soñar

VANESSA FLORES

Mexicana, nacida en la ciudad de Torreon, Coah. Mamá de dos hijos, Yamilh y Mildred, ama de casa, empresaria y líder comercial.

Vanessa es Licenciada en Gestión y Administración de PyMES Y también es Auxiliar contable.

Tiene experiencia laboral desde que tenía quince años en el área administrativa. Ha trabajado en compañías importantes, en las cuales ha tenido capacitación y grandes oportunidades de crecimiento.

Como líder comercial trabaja para una compañía de clase mundial con alrededor de 600 personas, creando una red de mercado en el área de ventas donde se destaca en capacitación y motivación.

A Vanessa le apasiona viajar, conocer nuevas personas y la natación; también disfruta mucho la playa y todas las actividades al aire libre; le encanta escuchar música y ama bailar.

Su propósito de vida es aportar algo bueno para la sociedad, ayudando a más personas, en especial a las mujeres que han estado en una situación de depresión, infidelidad o crisis emocional.

Vanessa tiene nuevos proyectos para poner en practica y estar en contacto con todas esas mujeres, también agradece la oportunidad de participar en este libro y poder impactar algunas mujeres que, así como ella, se sintieron perdidas en algún momento de su vida.

Vanessa Flores Email vane_floresb@hotmail. com WhatApp. 714-750-5341

LAS MEJORES MILLAS DE MI VIDA

Vanessa Flores

Vive con pasión, amor y agradecimiento; disfruta cada paso, momento y persona que aporte algo bueno a tu vida, pero sobre todo, ¡VIVE¡

Mi nombre es Vanessa Flores, soy mexicana y tengo 42 años. Soy madre de dos maravillosos hijos, Yamilh y Mildred, a quienes agradezco su existencia y su papel fundamental en mi felicidad y enseñanza en esta maravillosa VIDA.

Soy la segunda de cuatro hermanos en una familia donde mis padres se separaron cuando tenía 14 años. En mi infancia, recuerdo haber recibido mucho amor por parte de ellos. Hasta el día de hoy, lo digo con orgullo: nunca he recibido falta de respeto por parte de mis padres, quienes siguen demostrándome su respeto hasta la fecha. Mi madre ha estado presente en casi todos los días de mi vida y me envía un mensaje de buenos días cada mañana. Mi padre siempre ha estado ahí cuando lo he necesitado. Mis hermanos, Miriam, Efreen y Lilia, han estado conmigo física, económica y moralmente en mis momentos más difíciles. También tengo dos sobrinos amados, Josstin y Aeleen, a quienes admiro por su gran inteligencia. Gracias, familia.

En mi infancia, recuerdo haber carecido de muchas cosas económicamente. En casa había poca comida y muchas veces me quedaba con hambre. Recuerdo que mi madre compraba un pan y lo repartía en cuatro partes, diciendo que no tomaba para ella porque no tenía hambre. Esa fue la mejor forma de enseñarme que el amor por los hijos es grande. Esto marcó mi vida porque me hizo consciente de que nunca debemos olvidar agradecer lo que hoy tenemos, lo que vivimos y disfrutamos.

Siempre tuve duda sobre la diferencia entre libertad y libertinaje, ya que en mi niñez me encantaba permanecer en la calle y conforme fui creciendo me volví más "callejera", como me decía mi padre. Siempre me dejaban ir a donde yo quisiera: fiestas, viajes, paseos y a visitar amigas. Mi padre solía decir que yo tenía más actividades que el presidente de la república; yo era muy social y siempre tenía algo para hacer. Mi padre me enseñó a manejar su camioneta desde que yo tenía 10 años; desde entonces, siempre me ha gustado estar al volante, tanto que a la edad de 18 años ya me había comprado mi primer carro, ya que nuestra situación económica me obligó a trabajar desde los 15 años.

Mis metas de vida eran terminar una carrera, casarme y tener una familia. A la edad de 22 años me casé y de inmediato llego mi primer hijo, Yamilh. En ese momento, mi vida dio un cambio muy grande; ahora mi prioridad era cuidar de que él tuviera lo necesario para no sufrir la misma escasez económica que yo padecí; esa era mi prioridad: trabajar para que no le faltara nada a mis hijos, siguiendo así con el sistema que la misma sociedad te impone. Ahora creo que la mejor enseñanza es aquella que la misma vida te va mostrando con el tiempo.

Desde mi primer trabajo hasta el último que tuve me esforcé por dar lo mejor de mí. Aunque algunas veces fue difícil ascender de puesto por falta de un certificado de estudios, eso no me impidió sobresalir, dejando huella en cada uno de mis empleos, agradeciendo la experiencia laboral lograda. A la edad de 34 años empecé a estudiar la carrera de Gestión y Administración de PyMES, y gracias a esto logré certificarme como licenciada. Nunca fue tarde para empezar a cumplir esta meta; disfruté y aprendí tanto en el proceso, segura de que todo el conocimiento se quedaría en mi memoria, y nada ni nadie podía robarme algo tan preciado. Este fue un gran logro personal, considerando que siempre fui sociable, deportista y amante del arte, pero nunca fui una buena estudiante; en este sentido se cumple el refrán: "hay seis que saben a diez". A la edad de 36 años emprendí mi segundo negocio con éxito e ingresos económicos considerables, un trabajo que disfrutaba mucho ya que estaba relacionado con las fiestas.

En mi matrimonio, viví experiencias que no quería. Mi matrimonio duró casi 20 años; en resumen, no fui totalmente feliz: dejé de hacer tantas cosas por darle prioridad a lo que realmente no era importante, di lo mejor que tenía para dar a mi esposo y a mis hijos: valores, cuidados, apoyo moral y económico. Durante ese periodo de mi vida tuve mucho trabajo, hice grandes esfuerzos y, sobre todo, me empeñé en salir adelante. Aunque mi estado continuo era de estrés y frustración, afortunadamente jamás dejé de sonar y de perder mi entusiasmo por lograr mis metas personales. Durante mi matrimonio también sufrí la infidelidad y por esta causa caí en depresión. Con ayuda de terapias, la crisis solo duro tres meses. Un día me desperté con una mentalidad diferente al escuchar la frase "aprovecha tus mejores crisis". Decidí que a partir de ese momento no volvería desperdiciar ningún día de mi vida. Desde entonces siento como si todo lo que me ocurre se acomodara justo en el lugar correcto para ayudarme a avanzar. A partir de esa fecha, Dios y la vida me enseñaron cada día que era tiempo de reconstruirme. Empecé a crear hábitos de autoestima, a socializar con nuevas personas, pero sobre todo, empecé a darme cuenta de la grandiosa persona que soy. Fue como si volviera a reencontrarme conmigo misma. Empecé a agradecer cada día por cada muestra de amor que llegaba a mi vida. No me había dado cuenta, pero la vida me había dado una nueva oportunidad de lograr tantas cosas; enfoqué mi mente y mi corazón en atraer lo bueno a mi vida. Animo a todos los que han pasado por una infidelidad a aprovechar la situación como trampolín para hacer cambios en su vida.

En aquel tiempo, descubrí mi propósito de vida: Ayudar a más personas a salir de su depresión y apoyarlas en sus propias metas. Actualmente cuento con un grupo de casi 6000 personas que han pasado por este proceso; me llena de orgullo que algunas de ellas ya están cumpliendo sueños y metas en otros países, gracias a la fortaleza que han tomado de mi ejemplo de perseverancia. Ahora, mi propósito de vida es llegar a más personas para aportarles algo de mí, porque debido a esta situación me convertí en una persona más sensible, tolerante y comprensiva. Descubrí que hay una gran cantidad de personas que viven en depresión y que nueve de cada diez personas han sufrido una infidelidad.

Me llena de orgullo que en tan solo cinco años viviendo en este país, he conocido 41 estados y he visitado muchas ciudades. También he conocido muchas personas que admiro y respeto; tengo esa oportunidad gracias a mi trabajo. He conducido mi automóvil miles de millas, sola y acompañada; he disfrutado los mejores paisajes de mi camino: montañas, playas, nieve, bosques, lluvia, arcoíris, puentes... recorriendo carreteras y ciudades de día y de noche. Detrás del volante he reído, llorado, platicado por horas, he cantado, he trabajado, he llegado a hogares donde deseaban tanto una visita; he abrazado a muchas personas, me he quedado a dormir en la mejor cama de un hogar, me han preparado mi comida favorita, he recibido tantos regalos, flores, cosas hechas a mano, he establecido amistades sinceras, también me han dejado plantada en un aeropuerto, he sentido emoción por encontrarme con alguien en mi camino, me he quedado en los mejores hoteles y en los peores también. Un día llegué a un hogar donde no tenían nada que comer; también conocí a una hermosa señora que no podía hablar, solo nos comunicamos por escrito. Otro día visité a una persona que acababa de recibir la noticia que tenía cáncer. Me han ido a buscar a un hotel solo por la emoción de conocerme, he disfrutado y compartido tantas tazas de café con tantas personas maravillosas; descubrí que me encanta manejar y disfruto mucho de mi propia compañía. Hoy agradezco por mis ojos porque sé que un día no serán tan buenos y no tendré la energía de recorrer tantas millas.

Otro logro alcanzado es que pude comprar mi casa propia en tan solo tres años y medio de haber llegado a este país. Ahora gozo de no pagar renta y de sentir paz dentro de mi hogar. Amo trabajar en casa y tener mi propio espacio.

A pesar de todos los obstáculos que se me presentaron, siempre estuve determinada a lograr lo que yo deseaba. Hoy más que nunca creo en la ley de la atracción: Lo que das recibes. Aunque no todas las personas que están en tu vida están destinadas a permanecer contigo para siempre, doy gracias porque cada una ha tenido un propósito en mi vida. Ahora, disfruto el amor de una pareja y el cariño de la familia que se quedó conmigo, la que formé con mi anterior matrimonio y que no lleva mi apellido, así como amistades que tengo desde mi infancia, compañeros de mis pasados trabajos, compañeros de escuelas, amistades de coincidencia, amistades de mis viajes, mis maestros, los jefes de mis trabajos, amigos de la iglesia, etc. A todos ellos, ¡gracias!

Sin importar en qué situación o en que hogar naciste, quiero que sepas que todos nacemos en diferente entorno, en diferente clase social, económica y moral; al final, todos tenemos carencias, pero depende de ti cómo tomas esa condición de escasez y que construyes con eso. Ahora comprendo que cada situación de tu vida te moldea, pero de ti depende cómo abordas cada contexto, cada momento. De cada persona que está en tu vida es necesario aprender y avanzar.

Después de darme la oportunidad de conocer personas, Dios me dio sabiduría para entender que era posible rehacer mi vida. Una pareja debe estar en tu vida para cuidarte, consentirte, amarte, y apoyar tus proyectos. No tuve que cambiar nada de mí para ser perfecta para otra persona.

Muchas veces estamos donde ya no hay amor ni respeto. ¡Muévete, no eres un árbol! Nadie está obligado a estar donde no quiere. La vida es única y hay que vivirla con amor.

Nunca dejes de hacer lo que amas. Trabaja duro por tus metas, siempre ten sueños que puedas alcanzar. Muchas veces dejamos de hacer lo que nos gusta por darle prioridad a otras personas, cuando lo más importante eres tú. Dios te dio una vida y esta es tu oportunidad de vivir como tú quieras, ¡haz que valga la pena! Vive con plenitud a tu manera, sin dañar a otras personas. Si estás pasando por una mala situación, no tengas miedo. ¡La mente es tan poderosa! Enfoca tu mente y tus pensamientos en cosas positivas; prepárate, nunca dejes de aprender. Así, nunca tendrás que depender de nadie. Con amor, Vanessa.

Fenomenales, vuelve a soñar

YESENIA HERNANDEZ

Nací en Ciudad de México el 27 de agosto 1970. Soy la única mujer entre cinco hermanos. Dos de ellos son cuates junto conmigo; uno de ellos ya falleció. Soy alegre, me gusta la playa, la naturaleza y caminar en una mañana fresca y respirar aire puro. Me casé a los veintisiete años. Los primeros años fueron muy bonitos, pero después, vino mucho dolor y tristeza; ya te enterarás en el capítulo. Espero que sea de gran motivación para seguir adelante a pesar de las dificultades.

Fenomenales, vuelve a soñar

LA VIDA ES DURA, PERO HAY ESPERANZA

Yesenia Hernández

Aunque nuestro pasado haya sido oscuro, no tiene por qué determinar nuestro futuro. Puedes tomar las riendas de tu destino hoy. Aunque mi pasado fue difícil, trabaje por un futuro prometedor.

En casa éramos cinco hermanos, uno de ellos ya falleció; soy la única mujer. Los únicos momentos lindos de mi niñez fueron los juegos con mis hermanos: carritos, lucha libre, el burro castigado... en fin, ningún juego tenía algo que ver con la delicadeza de una niña. Pero el día más feliz fue cuando, por primera vez, recibí una muñeca, un día de Reyes. La muñeca lloraba y yo le cambiaba pañales. Pero la amargura aparecía cuando mi padre entraba en escena. Mi papá bebía mucho, nos maltrataba; también golpeaba a mi mamá. Toda esa violencia llevó a mi madre a tratarnos con rectitud, pero yo era consentida de mi abuelita; que siempre me daba canicas para coleccionar.

Cuando me casé, pensé que por fin sería feliz. No me celebraron mis 15 años, pero estaba ilusionada con la celebración de mi matrimonio, que fue el 31 de diciembre; aunque llovió, me sentí feliz, amada. Compramos a un hermano la parte posterior de la casa paterna. Allí construimos nuestro nido familiar. Después de tres años, por fin quedé embarazada. Empecé a comprar ropa. El embarazo iba muy bien. Mi esposo trabajaba como guardia de seguridad en horario nocturno. Mamá vivía enfrente, y mi hermano, en el segundo piso.

Cuando cumplí siete meses de embarazo, el médico me dijo: «Tienes problemas de presión». Se me hinchaban los pies. A pesar del diagnóstico, me dieron la cita de seguimiento para el mes siguiente. Le dije: «¿Es mucho tiempo?» «No hay problema», me dijo el doctor.

Tenía ocho meses. Fue a las 4 a. m. que empecé a sentir un dolor agudo. Estaba sola. Le avisé a mi hermano. Mi cuñada me llevó al médico. Empecé a sudar frío; sabía que algo no estaba bien. Estaba sudando mucho. El médico dijo: «No escuchamos el corazón de su bebé». Mi presión estaba en 360 pulsaciones; ¡estaba muy mal! Me dijeron: «Si continúas así, vas a tener un derrame cerebral; vamos a provocar el parto, aunque el bebé no va a salir con vida».

¡Esa noticia fue terrible! Viví toda la experiencia de tener un hijo a través de un parto natural, ¡pero lo recibí muerto! Me pidieron que pujara. El doctor forzó la cabeza de la niña, provocando una protuberancia. Cuando salió, quise verla, pero una enfermera me dijo: «Es mejor que no», y se la llevaron. A mi esposo le preguntaron si la quería donar; me pareció una pregunta tonta. Estuve en terapia intensiva 2 semanas. Las venas se me reventaban, tuve catéteres en ambos brazos. Me hospitalizaron por varias semanas.

No pude estar en el sepelio de mi hija. Me dijeron que tenía el pelo negro como el mío, y una manos grandes. Mi cuñada la envolvió en una cobija blanca. Le pusieron mi nombre. El dolor me persiguió cuando me llevaron a un cuarto donde veía a las mamás recibiendo a sus bebés. Me dieron medicina para que se me fuera la leche materna. Fue un golpe demasiado duro para mí. A pesar de tantos años que han pasado, el dolor sigue vigente.

Cuando llegué a casa, lo primero que hice fue buscar la ropa de mi niña, pero ya no estaba. Fue muy trágico. Entré en depresión; no quería salir de mi habitación. Pasó el tiempo; fui a su tumba. Le pedí a Dios que me ayudara a salir adelante. ¡Escuchó mis oraciones!

Volví a retomar mi vida. Al año volví a quedar embarazada. ¡Estaba feliz! Pensé: Quizás voy a tener dos, considerando que soy gemela. Mi vientre creció un mes, dos meses; a los tres meses fui al doctor: me dijo que todo estaba bien. Esa noche, cuando le serví la cena a mi esposo, lo que hizo desató un desastre. Le serví sardina; todavía no entiendo el motivo: Entró en cólera. Tiró el plato, salpicando la pared. Me dio mucho coraje. En pocos minutos, me sentí muy mal. Volví a sentir frío en la nuca. Fuimos al hospital. Me metieron a un cuarto. Empecé a sentir mucho frío. Mis manos estaban muy blancas. Me recibieron por urgencias a las 10.30 p. m. Eran las seis de la mañana y no me habían atendido. Se excusaron en que no estaba el encargado del ultrasonido para hacer un chequeo. Cuando llegó el médico del turno siguiente, ordenó muy alarmado: «¡Llévenla al quirófano que se está muriendo!». Las enfermeras corrieron. Desperté en otro cuarto, en muy mal estado. Cuando entró un doctor, me dijo: «Le voy a decir lo que pasó: Su embarazo fue ectópico; su bebé se formó fuera de la matriz. Tuvimos que sacar al bebé; además, fue necesario quitarle un ovario. Aunque puedes embarazar en el futuro, sería de un alto riesgo».

¡Ya no quería saber nada! Salí del hospital muy mal. Sentía que la vida no tenía sentido.

¡Habría dado todo por ver crecer a mis pequeños! Seguí adelante. Me concentré en el trabajo para continuar con mi vida. Mi esposo compró un terreno. Lo empezó a construir; empezó a hacer unos cuartos.

Nuestra relación empezó a deteriorarse. Él empezó a decirme palabras hirientes. Una de esas palabras hirientes fue que me dijo: "Eres como una vaca que no da leche".

Pasó de las ofensas a los golpes. No encontré una mejor respuesta que bajar a su nivel, contestando con más golpes. Entonces, tomé la decisión de venir a los EE. UU. Le dije que viajaría para ver a mi hermano que está en Houston, pasaría con él un año. Llevaba mucho rato sin verlo; sería también una buena oportunidad para darnos un tiempo. Fue duro, pero yo quería salir de todo el caos en que estaba. Pero en vez de ver a mi hermano, me recibió un primo.

Estaba acostumbrada a otra vida. Tenía que pagar muchas cosas; nada era gratis. Empecé a trabajar. No regresé al año como había dicho. Mientras yo trabajaba en los EE. UU., mi pareja empezó a llevar una vida desordenada: Empezó a beber licor con frecuencia, vendió las cosas que habíamos conseguido con tanto esfuerzo, metía borrachos en la casa y fumaba marihuana. Mi madre quería que yo le quitara las llaves para que se fuera.

Regresé a los tres años. Nadie me esperaba. Vi a mi madre y todos mis hermanos me abrazaron. Hablé con él; le dije que no volveríamos a convivir. Le pedí las llaves, exigiendo que se fuera de la casa. Para entonces, me había acusado de abandono del hogar, para que yo perdiera todos mis derechos.

Les pedí a mi familia que disfrutáramos de ese corto tiempo juntos porque regresaría a los EE. UU. A mi madre le dolió mi partida; me dio un anillo de oro para que, vendiéndolo, comprara mi boleto de regreso. Mi hermano mayor me hizo una despedida, invitó a sus amigos; se soltó a llorar, quizá no me volverían a ver. Fue muy doloroso, pero quise hacerlo.

Ya completé 14 años en los EE. UU. Trabajé en limpieza y en fábricas. No he necesitado la ayuda de un hombre. Todo lo he conseguido con mi esfuerzo y nunca olvido ayudar a mi mamá. Aunque he permanecido sola, Dios ha colocado grandes personas en mi camino.

Buscando recamara encontré a Miriam Landin y alquilé con ella. Nos hicimos grandes amigas y la vi crecer a Miriam desde sus inicios. Ella siempre trató de darme el cariño de la familia que no tuve aquí. Recuerdo que le empezaron sus dolores de cabeza: Yo le hacía masajes para mitigar su dolor. Estuvimos compartiendo el apartamento. Luego, me dijo que se iría a los Ángeles; entonces, me fui a otro lugar. Cuando regresó, ya estaba vinculada con el negocio de Tupperware. Miriam siempre decía: Voy a tener mi casa, mi apartamento propio. Yo respondía: «Espero que tengas un lugar para mí». Así fue. Luego, ella me decía: «Cuando tenga mis papeles y pueda viajar, voy a visitar a tu mamá». También cumplió su palabra: Se fue a México y le llevó un abrigo que le encantó, y unas blusas. Grabó un video de la visita. Después de 8 años de no ver a mi mamá, fue algo muy emotivo para mí. Miriam me invitó a la iglesia; ella misma me llevaba. Fue una gran bendición para mi vida.

Pasaron cerca de 10 años y asumí un nuevo reto: aprender a conducir. Nadie se atrevía a prestarme su carro. Un mesero del restaurante donde esperaba el transporte, siempre me invitaba un café. Nos hicimos amigos. Un día le pregunté: ¿Sabes quién vende un carro? Me presentó su sobrino; ¡vendía automóviles! Me vendió un carro con único dueño. Ahora, ya tenía carro, ¡pero no sabía conducir! Mi comadre me dio dos clases de conducción, pero no era paciente conmigo. Luego, le pedí ayuda a un integrante de mi iglesia, quien me ayudó por una semana. Empecé a conducir el coche a las 6 a. m., cuando había menos tráfico. A pesar de mi nerviosismo y de todos los errores cometidos, aprendí a conducir y saqué mi licencia.

Recuerdo que el día de mi cumpleaños, un 27 de agosto, venía con un regalo. De regreso, atravesé la luz del semáforo en rojo. Me detuvo un agente de tránsito. Le mostré mi permiso vencido. Le dije: ¡Vengo emocionada por mi regalo de cumpleaños!, y me dejó seguir sin problemas. Mi carro sigue siendo el mismo. Mis amigas cambian de carro con frecuencia por reparaciones; él mío sigue en perfecto funcionamiento.

Mi vida ha estado llena de retos, pero Dios me da los medios para superarlos. Me da personas clave en mi camino. Miriam ha sido de gran inspiración para mi vida. Me invita a su casa con frecuencia. No soy empresaria ni hago parte de su equipo de trabajo, pero me da un lugar de privilegio. Empezamos una bonita amistad en sus momentos de debilidad. Fui testigo de sus carencias. Cuando no tenía dinero suficiente, yo le prestaba para completar su renta. Cuando necesitaban hacer presentaciones de venta en Tupperware, cuidaba a su niño Josstin.

¿Recuerdas a mi hermano en Houston? Sí, el que supuestamente iba a visitar cuando viajará a los EE. UU. Pasaron 20 años para que eso ocurriera. Cuando decidí visitarlo, varios de mis conocidos me preguntaban si no me daba miedo que me detuvieran de migración en el trayecto, sin documentos. Pero nunca tuve miedo. He logrado metas que parecen pequeñas, pero son muy significativas para mí: Me propuse embellecer mi dentadura y recibir una operación en mis ojos. Ambas cosas hacen parte de mi lista de metas cumplidas.

Siempre hay una luz en el camino. Dios siempre está con nosotros. Aunque no haya cargado a mis hijos en los brazos, ni los haya llevado al colegio, soy madre; los cargué en mi vientre y les daría lo mejor si los tuviera vivos. Siempre hay una luz en el camino. A pesar de las dificultades Dios está con nosotros.

Aunque puedo decir como el salmista, "se han consumido de angustia mis ojos... mi vida se va gastando de dolor, y mis años de suspirar (Salmo 31.9-10), Él ha visto mis lágrimas; siempre me sorprende con sus bendiciones. Con él, puedes cambiar lágrimas por sonrisas.

Made in the USA
Las Vegas, NV
28 May 2023

72583551R00127